LE

GOUVERNEMENT OCCULTE

DE LA FRANCE.

PÉTITION

ADRESSÉE AU SÉNAT

PAR

ERNEST FALIGAN,

DOCTEUR EN MÉDECINE,

HOMME DE LETTRES,

Le 3 Septembre 1879.

ERRATA :

Page 13, ligne 8, au lieu de : puis on l'*arrête*, lisez : puis on l'*emprisonne*.

» 46, ligne 29, au lieu de : je ne *croyait* pas, lisez : je ne *croyais* pas.

» 53, ligne 28, au lieu de : rend compte des diverses démarches, lisez : rend compte *à mon père* des diverses démarches.

» 61, ligne 17, au lieu de : M. Hélie, avec lequel je me suis ENTRETENU, lisez : M. Hélie avec lequel je me suis ENTENDU.

» 67, ligne 26, au lieu de : votre voyage est d'autant plus *nécessaire*, lisez : votre voyage est d'autant plus *urgent*.

» 75, ligne 1, au lieu de : comme il est dans nos usages, lisez : comme il est *peu* dans nos usages.

» 94, ligne 9, au lieu de : qui me *placent*, lisez : qui me *place*.

LE

GOUVERNEMENT OCCULTE

DE LA FRANCE.

PÉTITION

ADRESSÉE AU SÉNAT

PAR

ERNEST FALIGAN,

DOCTEUR EN MÉDECINE,

HOMME DE LETTRES,

Le 3 Septembre 1879.

Au Lecteur.

Bien qu'elle porte le même titre, cette pétition au Sénat n'est pas la reproduction pure et simple de ma pétition à la Chambre des Députés. La découverte que je viens de faire dans les papiers de mon père d'un dossier relatif à ma séquestration m'a permis cette fois d'établir, pièces en mains, les faits à l'appui desquels je ne pouvais précédemment apporter qu'un ensemble de témoignages d'ailleurs irrécusables. Entièrement refaite, la partie qui me concerne est augmentée de plus du double. Toutes mes assertions sont maintenant appuyées sur des preuves écrites d'un caractère authentique indiscutable, et cette démonstration des faits qui me sont personnels ne saurait manquer, si je puis enfin trouver des juges impartiaux, d'appeler l'attention sur les considérations générales, auxquelles je n'avais rien à changer et qui sont restées les mêmes.

LE

GOUVERNEMENT OCCULTE
DE LA FRANCE.

PÉTITION
ADRESSÉE AU SÉNAT

par ERNEST FALIGAN,

Docteur en Médecine, Homme de Lettres,

Le 3 Septembre 1879.

Homo homini lupus.

Messieurs les Sénateurs,

J'ai l'honneur d'appeler votre attention sur deux séquestrations arbitraires accompagnées de violences corporelles, sur des arrestations illégales et sur divers autres excès de pouvoir commis contre moi par des employés de la police, et dans lesquels les magistrats chargés de la surveillance de ces fonctionnaires ont aussi leur part de complicité, car ces actes leur ont été plusieurs fois signalés, soit par moi-même, soit par d'autres personnes, sans qu'ils aient jamais rien fait pour les réprimer. Ils les ont même favorisés en plusieurs circonstances par une connivence plus ou moins directe, et je ne m'adresse à vous, Messieurs, qu'après avoir vainement fait appel à toutes les autorités chargées d'une façon plus spéciale de veiller sur la liberté des citoyens et de les protéger contre les abus de pouvoir et les mauvais traitements.

Des faits que ma conscience me fait un devoir de vous révéler, les uns m'intéressent personnellement, les autres sont arrivés à ma connaissance pendant les séquestrations que j'ai subies ou dans le cours de la lutte que je soutiens depuis plus de six ans pour échapper à la contrainte qu'on veut exercer sur ma volonté. Mais il existe entr'eux une relation si intime qu'il me serait impossible de les séparer. Ceux qui me touchent directement sont d'ailleurs d'une nature trop grave pour que je puisse les taire plus longtemps. Vous le reconnaitrez vous-même lorsque vous en serez instruits.

I.

Le régime intérieur des maisons d'aliénés.

Le 13 Janvier 1873, à dix heures du matin, je recevais une lettre du commissaire de police de Passy, où j'habitais alors, Rue Vineuse, 3. Cette lettre m'invitait à me présenter chez lui pour affaire me concernant. A une heure de l'après-midi, au moment où je sortais de chez moi pour m'y rendre, j'étais accosté par un individu se disant secrétaire de ce commissaire de police, lequel m'enjoignait de le suivre, et, sur mon refus, appelait un sergent de ville pour lui prêter main-forte.

Arrivé chez le commissaire, je fus, sur son ordre, mis dans un fiacre, puis conduit à la Préfecture de police, où l'on m'enferma dans une cellule de l'infirmerie du dépôt. Enfin, le lendemain, à 4 heures du soir, on me fit monter dans une voiture cellulaire qui me conduisit à la maison d'aliénés de Charenton, où je fus incarcéré. Pendant mon séjour au dépôt, on m'avait fait comparaître devant deux médecins que je ne connaissais pas, mais qu'on me dit être les docteurs Lassègue et Legrand du Saulle, et ces deux médecins, s'ils ne m'avaient pas examiné, s'étaient du moins entretenu assez longtemps avec moi pour se convaincre que j'avais la pleine et entière possession de ma raison.

Je venais de passer quinze jours dans ma famille. J'étais de retour à Paris depuis huit jours lorsqu'on m'avait arrêté. Rien absolument dans mes antécédents ni dans ma conduite ne pouvait justifier une pareille mesure. Tout se réunissait au contraire, je le prouverai tout à l'heure, pour établir qu'elle était inutile. A Charenton, malgré mes protestations, dont la forme très-nette et très-catégorique embarrassa plus d'une fois, car on n'y trouva rien à répondre, le médecin en chef de l'établissement, le Dr Rousselin, maintint mon arrestation.

Je suis docteur en médecine, et bien que je n'exerce pas, j'ai suivi pendant près de huit années les hôpitaux ; j'ai fait en outre de très-longues et très-sérieuses études théoriques. Il était difficile, alors que je possédais l'usage complet de ma raison, de me faire croire que je l'avais perdu, de me persuader même que j'étais malade. Aussi ne l'essaya-t-on point. On ne pouvait non plus m'empêcher de voir ce qui se passait autour de moi, et l'on me donna clairement à entendre que les établissements d'aliénés sont des maisons, non de santé, mais de correction, où l'on soumet les prisonniers aux traitements les plus odieux et les plus condamnables. Je ne tardai pas du reste à me convaincre par mes propres yeux que, loin d'exagérer, on restait bien au-dessous de la vérité.

Je vais émettre des assertions très-graves, mais je les émets avec une entière certitude, acquise pendant sept années d'observations et d'études, et je vous prie, Messieurs, de vouloir bien les examiner avec toute l'attention que mérite leur gravité. Vous vous convaincrez, j'en suis sûr à l'avance, qu'elles sont fondées.

L'aliénation mentale n'est point, fort heureusement, une maladie si fréquente que le prétendent des statistiques intéressées. Sans entrer dans des discussions scientifiques qui seraient ici déplacées, je puis dire qu'elle est très-rare. Je puis même affirmer qu'à Charenton, pendant un séjour de huit mois et demi, je n'ai point vu d'aliénés dans le sens propre et médical du mot ; mais des gens qu'on maintenait dans un état de surexcitation ou d'aberration mentale à l'aide de substances toxiques administrées à doses savamment calculées, et de façon à produire des ensembles de phénomènes depuis longtemps décrits comme constituant des maladies naturelles.

Les séquestrés qui forment la population habituelle de ces maisons peuvent être divisés en deux catégories :

Les uns ont, d'une façon plus ou moins grave, enfreint les lois sociales ou naturelles ; et soit qu'on ne puisse, soit qu'on ne veuille pour différents motifs les faire comparaître devant les tribunaux, — au châtiment légal on substitue la séquestration d'abord, puis, pendant sa durée, des châtiments corporels dont la gravité varie avec celle du délit ou du crime.

Les autres sont des gens qui n'ont aucun délit à se reprocher, mais sur la volonté desquels, pour un motif ou pour un autre, on veut exercer une contrainte. Ce sont la plupart du temps des témoins d'actes illégaux ou criminels qu'on veut faire disparaître, dont on veut du moins étouffer la voix, ou bien des jeunes gens que leurs familles veulent contraindre à contracter un mariage, à embrasser une profession qui leur répugne, empêcher tout au moins d'entrer dans une carrière vers laquelle ils se sentent entraînés.

Ces derniers sont naturellement les moins maltraités. On les fait souffrir, mais de façon à ne pas altérer leur santé ou leur raison d'une façon durable. Même réduite à ces limites, l'action des toxiques reste encore puissante et variée, et l'on peut faire cruellement souffrir, quand on sait s'en servir avec habileté. Vous pouvez m'en croire, car j'en parle ici d'après ma propre expérience, et je n'avance rien que je n'aie personnellement éprouvé.

On est soumis à l'action, soit continue, soit intermittente des aphrodisiaques, et pendant qu'on est sous leur influence, les gens qui vous entourent cherchent, en tenant des propos licencieux, en éveillant dans votre esprit des images, des souvenirs érotiques, à surexciter en vous le désir des relations sexuelles. On fait grand usage aussi des purgatifs, si variés, et dont quelques-uns sont si gênants et si douloureux. A l'aide de substances dont je n'ai pu découvrir la nature d'une façon positive, parce qu'on fait probablement usage de mélanges, mais dont j'ai très-nettement reconnu l'action physique sur le système nerveux, on vous plonge dans des accès périodiques d'abattement, de langueur, de tristesse, d'angoisse et même de désespoir, qui vous rendent l'existence insupportable, vous font perdre du moins le sens exact et précis des choses, et vous enlèvent, si l'on n'y prend garde, toute fermeté d'esprit et de volonté, toute patience et toute force de résistance. Avec d'autres poisons, on jette le système nerveux dans un tel état de surexcitation et d'éréthisme que tous les bruits extérieurs y déterminent des sensations douloureuses, et que la moindre contradiction, la plus légère provocation suscitent des accès de colère, parfois même de fureur, lorsqu'on n'exerce pas sur les mouvements de l'âme une surveillance de tous les instants, aussi pénible qu'elle est difficile. D'autres fois on y développe des douleurs névralgiques intolérables et parfois de véritables crises. On administre des substances qui décomposent ou déforment les traits du visage, brunissent la peau, font blanchir prématurément les cheveux et la barbe, etc.

On vous soumet en même temps à un régime prémédité de tracasseries, de vexations, d'injures, d'outrages, de dénis de justice, le tout calculé de façon à vous rendre l'existence insoutenable. On vous refuse et l'on vous fait attendre indéfiniment les choses les plus nécessaires. On choisit, pour vous soumettre à ces provocations, les moments où l'on vous a jeté, à l'aide de toxiques, dans l'état le plus violent de surexcitation, et toute parole un peu vive, tout refus d'obéissance est puni par des châtiments corporels : bains prolongés jusqu'à l'épuisement, douches contondantes, application de la camisole de force ; ou par le transfert dans des divisions où les prisonniers sont soumis à un régime toxique d'une violence toute particulière. Pour avoir dit un jour à un médecin de l'établissement, M. Decorse, qui, journellement, à sa visite me raillait, que je ne souffrirais pas plus longtemps qu'il me traitât de la sorte, il me fit prendre un bain de deux heures, et appliquer une douche en colonne, de force contondante, sur la colonne vertébrale.

On essaie en outre, par toutes sortes d'insinuations malveillantes, d'allusions, de récits mensongers et de manœuvres inqualifiables de vous troubler l'esprit, de vous irriter contre les personnes qui vous sont le plus favorables et qui pourraient vous venir en aide, afin de vous en éloigner ; enfin on cherche à vous donner, soit sur votre situation personnelle, soit sur celle de vos parents, les idées les plus exagérées et les plus en désaccord avec la réalité, afin de vous induire à des démarches, à des actes qu'on puisse présenter comme extravagants ou coupables ([1]). En un mot, on se sert, sans scrupule aucun, des moyens les plus odieux et les plus cruels pour vaincre la résistance ou pour effrayer.

Quant aux personnes qu'on séquestre parce qu'elles ont commis des actes délictueux ou criminels, on les soumet à de véritables supplices, ou, par une administration tantôt continue, tantôt intermittente de poisons, on détermine dans leur organisme des troubles si graves, qu'au bout d'un temps plus ou moins long, ces troubles ont fatalement la mort pour conséquence.

J'ai vu de ces malheureux qu'on jetait périodiquement dans des accès de démence, de fureur ou de délire nerveux, accès dans les symptômes desquels j'ai manifestement reconnu l'action de substances toxiques. Chez quelques-uns même, le système nerveux était maintenu dans un tel état de susceptibilité, qu'à toute impression un peu forte, il entrait en vibration comme sous le coup d'une décharge électrique et déterminait des crises

([1]) Dans une plainte que je dus adresser à M. le Procureur-Général près la Cour d'appel de Rennes, et qui lui fût transmise le 3 Janvier 1877 par le Comité de la Société des Gens de lettres, j'ai décrit quelques-unes de ces manœuvres dans le plus grand détail.

nerveuses, des accès de fureur. Loin de leur éviter ces commotions, les infirmiers chargés de leur garde se faisaient un jeu de provoquer les accès, d'en accroître et d'en prolonger les paroxysmes déjà si douloureux. D'autres, plus maltraités encore, étaient assaillis alors par une bande de gardiens, bousculés, terrassés, frappés même après qu'ils avaient cessé toute résistance et demandaient grâce ; puis on leur mettait la camisole de force.

D'autres, par une paralysie lente et progressive, étaient conduits au dernier degré de l'hébêtement intellectuel et physique. D'autres enfin, frappés à des intervalles réguliers de congestions, d'apoplexies, de paralysies brusques, languissaient infirmes jusqu'au jour où la dernière attaque venait les délivrer d'une existence qui n'était plus qu'une longue torture.

Je n'avance rien que je n'aie vu, car j'ai vécu pendant huit mois et demi à Charenton, je me suis trouvé souvent au milieu de ces malheureux, et j'ai pu suivre, sur un certain nombre d'entr'eux, la marche et les progrès du mal. Je n'ai pas tout vu cependant, et bien des choses ont dû m'échapper, surtout au début, mon attention n'étant pas alors attirée sur ces faits autant qu'elle le serait aujourd'hui. Il m'a fallu quelque temps, je l'avoue, pour remonter à la véritable cause de toutes les souffrances dont j'étais témoin, et j'ai d'abord repoussé les soupçons qui me venaient à l'esprit, ne pouvant croire que de nos jours, dans un établissement de l'Etat placé sous la surveillance de hauts fonctionnaires et de magistrats, on appliquait presque ouvertement, et au mépris de toutes les lois, un pareil système de torture physique et morale. Je dus cependant me rendre à l'évidence, et l'attitude des médecins de l'établissement contribua puissamment à m'ouvrir les yeux. Non-seulement ils acceptent de décrire, de traiter comme des maladies naturelles ces empoisonnements ; mais ils se font en maintes circonstances les exécuteurs des vengeances qu'on exerce sur les prisonniers, ou des châtiments qu'on leur inflige. Quoiqu'il eût suffi, la plupart du temps, de recherches très-faciles, par exemple d'une analyse, même superficielle, des urines, pour reconnaître la présence du poison dans l'organisme, jamais ils ne se livraient à de pareils examens ; et s'ils s'en abstenaient, ce n'était certes pas par ignorance de ce qui se passe, car les symptômes étaient trop évidents pour qu'ils les pussent méconnaître, c'était par connivence.

Ils sont les agents dociles du pouvoir occulte qui commande en maître dans ces maisons. Ils ont, dans cette organisation, un rôle spécial à jouer, et ce rôle consiste à prendre au sérieux tous les rapports qui leur sont faits sur l'état des prisonniers sans jamais les constater d'une manière véritablement scientifique, et à appliquer à ces malheureux, sous forme de médication, les mauvais traitements qui leur sont indiqués par les termes mêmes de ces rapports. C'est si bien la vérité, qu'ils ne prennent point eux-mêmes leur mission de médecin au sérieux. Jamais je ne les ai vu faire un seul interrogatoire digne de ce nom, ni essayer d'un traitement suivi pour améliorer l'état de leurs malades. Quand ils questionnent ces derniers, c'est pour les railler, les provoquer ou les bafouer ; ou bien pour les intimider, et leur faire entendre, en termes à peine couverts, ce qu'on exige d'eux ou quelles conditions on met à leur délivrance.

Par quels moyens on détermine des gens qui pourraient gagner autrement leur vie à faire un pareil métier, je ne le sais point et ne prétends pas le deviner. Mais l'intimidation y doit probablement entrer pour une part, et l'intérêt pour une autre, car ils savent mieux que personne que, si les maisons d'aliénés n'étaient pas transformées en maisons de correction, elles demeureraient presque entièrement vides, et la plupart d'entr'eux seraient à peine capables de faire d'obscurs praticiens. Ce sont de pareils hommes pourtant qui, dans nombre de circonstances, décident souverainement du sort de leurs concitoyens, dont la liberté se trouve livrée à leur merci.

Avec la loi actuelle des aliénés, en effet, nul n'est sûr de sa liberté. Lorsque, pour une cause ou pour une autre, on veut faire enfermer quelqu'un, on s'arrange de façon à lui administrer des substances toxiques, on le provoque pendant qu'il est sous leur influence, afin de l'induire à commettre des violences ou des actes d'apparence bizarre ; on l'arrête, on le soumet à l'examen d'un médecin peu scrupuleux qui déclare que la personne arrêtée *présente les symptômes* de telle ou telle affection mentale décrite dans les livres des médecins aliénistes ; puis on l'arrête.

Les choses se passeraient tout différemment, au moins dans nombre de cas, si l'on exigeait la signature, non pas d'un, mais de plusieurs médecins, et si l'on obligeait de déclarer, non pas seulement que la personne soumise à l'examen présente tel ou tel symptôme, mais aussi qu'on s'est assuré, par des recherches convenables, que ces symptômes ne sont point produits par l'administration de substances toxiques. Ce serait, avec une enquête préalable à laquelle on ne procède jamais, une précaution indispensable. Mais cette précaution, on s'est bien gardé de la prendre jusqu'à présent, et pour cause ; et quoi que tout le monde reconnaisse, proclame la nécessité d'une réforme de la loi actuelle des aliénés, cette réforme cependant n'a jamais pu s'accomplir. Après les explications dans lesquelles je viens d'entrer, je n'ai pas besoin de vous dire quelle influence occulte et toute puissante l'a toujours empêchée de se réaliser.

II.

Comment la Police fabrique les aliénés.

Ma première préoccupation, lorsqu'on m'eût enfermé à Charenton, fût de savoir pour quel motif on m'avait arrêté. On ne me l'a jamais dit d'une façon catégorique, car on ne voulait point avoir l'air d'exercer une contrainte sur ma volonté ; mais par toutes sortes de moyens indirects et de détours, on me le donna très-clairement à entendre.

— Vous êtes entièrement libre de vos déterminations, répondait-on à toutes mes demandes ; nous ne voulons vous contraindre en rien. » Puis, par toutes sortes de pressions occultes, on essayait de me conduire au point où l'on voulait m'amener. J'eus d'autant moins de peine à comprendre qu'avant de recourir au moyen extrême de la séquestration, on avait essayé de procédés moins rigoureux.

On avait décidé de me marier, et je ne me trompais pas lorsque je le supposais dès lors.

Il y a trois semaines, je n'aurais pu produire à l'appui de mes dires que la certitude, assurément plus que suffisante, qui résulte de témoignages dignes de foi, de la notoriété publique, et d'un ensemble de faits concourant tous vers un même but dont l'existence et la nature ne sauraient être mis en doute.

Aujourd'hui je puis apporter des témoignages écrits de la main même des auteurs et des complices des séquestrations arbitraires et des violences que je vous dénonce.

Ces témoignages écrits, je les ai trouvés dans les papiers de mon père, après sa mort survenue le 24 Novembre 1878.

Ils consistent en lettres, ou bien écrites de sa main, dont il avait conservé le double, ou bien adressées à lui par les personnes dont il avait réclamé le concours, et dont une partie sont encore vivantes.

La mort de mon père donne à ses copies de lettres un caractère authentique indéniable, et les réponses qu'il fait aux autres, la manière dont il les mentionne ou les cite, ne permettent pas non plus d'en contester la date et la valeur testimoniale.

Pendant huit mois j'ai possédé ces lettres sans me douter de leur existence, et deux motifs m'ont empêché de les découvrir plus tôt.

Mon père m'avait laissé des liasses énormes de papiers, au milieu desquels elles étaient confondues, et jusqu'à ces derniers temps j'avais été empêché, par des occupations pressantes, de procéder au rangement de ces papiers, qui seul pouvait me les faire découvrir.

Puis je ne soupçonnais pas que mon père eût conservé dans ses cartons des pièces aussi compromettantes, et je n'avais pas fait de recherches approfondies, persuadé d'avance que ces recherches n'auraient pas de résultat.

Outre l'habitude qu'avait mon père de ne détruire aucun papier, deux motifs seuls peuvent expliquer la conservation de ces documents :

La nécessité d'avoir des points de repère et des mementos devenus, avec le temps, indispensables pour se reconnaître au milieu de l'intrigue fort compliquée dans laquelle il s'était embarqué ;

Le désir aussi de posséder des moyens de défense pouvant très-bien devenir nécessaires contre les gens qui l'avaient compromis ou bien aidé dans cette affaire, et dont il suspectait à bon droit la moralité.

Afin de rendre plus faciles à saisir et de bien faire ressortir dans toute leur évidence les faits que je vais raconter, j'en présenterai d'abord un récit rapide, et reprenant ensuite mes assertions, j'en établirai la véracité par la reproduction des pièces à l'appui que je possède.

Je scinderai même ce récit, afin de le rendre plus net encore, en trois périodes comprenant les faits qui se sont passés avant, pendant et après ma séquestration à Charenton.

A cette époque, j'avais quarante ans, j'étais homme de lettres, employé à la Bibliothèque Nationale de la Rue Richelieu, et légalement maître absolu de mes actions.

Il y avait un peu plus de deux ans que j'occupais ma place à la Bibliothèque. Elle était fort modeste ; mais j'avais dans les langues, dans les sciences et en littérature des connaissances qu'il est assez rare de rencontrer réunies chez la même personne; et comme, pour ce motif, je pouvais rendre des services au bureau des acquisitions, où je travaillais, on m'avait fait espérer, on m'avait même annoncé un avancement exceptionnel.

Je commençais en outre à me faire connaître et à gagner de l'argent par mes travaux littéraires. Je venais notamment de publier dans le *Français* deux romans qui avaient appelé l'attention sur mon nom.

J'étais donc sur le point de me créer une situation honorable et avantageuse qui allait de toutes manières me rendre indépendant de ma famille, et me permettre de me fixer définitivement à Paris.

J'avais presque surmonté les obstacles que, depuis quelques années, mes parents ne cessaient de me susciter afin d'empêcher cet établissement à Paris et de me contraindre à me marier avec une de mes cousines, à laquelle j'étais destiné depuis mon enfance.

Mon père avait parfaitement senti de quels dangers ses projets étaient menacés, et il s'était mis en campagne à mon insu. Pour divers motifs, il n'avait plus à cette époque le même désir de m'éloigner de Paris. Il y fût même venu très-volontiers demeurer avec moi. J'en ai la preuve écrite de sa main. Mais il tremblait que je n'arrivasse à une situation qui me permît de contracter un mariage honorable, auquel il n'aurait pu décemment s'opposer, et qui eût détruit ses espérances et celles de ma cousine.

Soit qu'il fût venu le voir, soit qu'il eût eu recours à l'intervention de la police, qui lui prêta le concours le plus actif dans toute cette affaire, mon père s'était entendu avec M. Taschereau, directeur de la Bibliothèque. Ils convinrent entr'eux que l'avancement assez considérable qui m'était promis me serait accordé, mais seulement après mon mariage avec ma cousine et comme récompense de ma soumission. Ils prévirent dès lors, de mon côté, des résistances, non pas certes invincibles, comme celles qu'ils ont rencontrées, mais fort difficiles à surmonter. Ils s'en inquiétèrent peu, comptant sur l'appui qu'ils s'étaient ménagé dans les bureaux de la police. Ils savaient qu'on a, dans les maisons d'aliénés, des moyens de réduire les volontés les plus récalcitrantes, et ni mon père, ni ma cousine, qui était dès lors et demeura tout le temps d'accord avec lui, n'étaient arrêtés par la crainte d'avoir à m'y enfermer. Peut-être même la perspective de cette mesure extrême leur souriait-elle plus qu'elle ne les effrayait. Les gens qu'on marie de force ne font pas toujours de très-bons maris, et ils n'eussent pas été fâchés d'avoir, dans la menace de me faire enfermer de nouveau, un moyen de me tenir en bride, si je regimbais. La police considère en effet comme sa chose les gens qu'elle a pu placer sous la suspicion d'aliénation mentale, et qui acceptent cette situation. A la moindre résistance, elle les incarcère, et elle les torture jusqu'à ce qu'ils se soumettent. — « Les gens qui passent par Charenton y reviennent presque tous, » me disait un jour un bas employé de l'établissement avec un sourire ironique. J'ai fait cependant, et j'espère bien faire toujours exception à la règle.

Il était nécessaire aussi de s'assurer la complicité des membres de ma famille et de mes amis, ou de m'éloigner de ceux qui ne voulaient pas entrer dans le complot. Ce ne devait être ni long, ni difficile. Depuis des années, par un système calculé de mensonges et de calomnies dont ma correspondance avec mon père et ma mère renferme des traces nombreuses, on cherchait à m'inspirer des préventions contre tous mes parents, surtout contre ceux qu'on savait le plus capables de me venir en aide.

J'avais cessé de voir les uns, je voyais très-peu les autres. J'avais en outre perdu de vue, depuis dix-sept ans que j'avais quitté Angers, presque tous mes amis et camarades d'enfance. Travaillant beaucoup, tant à la Bibliothèque que chez moi, je ne m'étais lié à Paris et je n'avais de relations fréquentes et suivies qu'avec un très petit nombre de personnes. Mon ami le plus intime était alors M. Faustin-Adolphe Hélie, juge au tribunal de la Seine. On parvint, je ne sais comment, à s'assurer son concours, et ce fut lui, de qui j'étais en droit d'attendre l'aide la plus efficace, qui me porta les coups les plus sensibles et me fit le plus de mal.

Pour m'incarcérer, et surtout pour m'intimider et me rendre souple et malléable, une fois qu'on m'aurait enfermé à Charenton, il fallait cependant des prétextes. M. Taschereau se chargea de les procurer, et sans doute prit les conseils de la police, familière avec ces besognes malpropres.

On avait conçu l'honnête espérance que j'arriverais peut-être à dérober des volumes de la Bibliothèque, si l'on m'en fournissait les moyens, et toutes les facilités possibles me furent offertes à cette intention. On s'arrangea de manière à ce que pendant des mois j'eusse seul la responsabilité du service des acquisitions dans lequel, cette année-là, des sommes considérables furent dépensées. On m'ouvrit tous les dépôts, toutes les salles de la Bibliothèque. On multipliait à dessein les occasions que j'avais de m'y rendre et d'y séjourner seul. On me donna sans que je les demandasse, pour emporter les volumes chez moi, des permissions, non pas seulement contraires au règlement, mais incroyables, et telles que n'en eût jamais aucun employé, ni même aucun conservateur.

Cela dura près d'un an. J'usais des facilités qui m'étaient accordées et qui m'étaient fort précieuses pour mes travaux littéraires, mais je ne dérobais rien. Il arriva cependant que dans ces transports continuels de volumes, je perdis, ou l'on me vola dans ma poche, deux brochures d'une valeur totale de 2 fr. 50

à 3 francs. J'égarai aussi des dictionnaires achetés, je crois, 10 ou 15 francs, et qui me servaient à des travaux de traductions de titres que j'exécutais alors pour la Bibliothèque. J'en fus ennuyé, mais nullement inquiet. Ma comptabilité, parfaitement en règle, m'en établissait débiteur, ce qui écartait tout soupçon de détournement, et comme alors j'étais fort occupé, et qu'il n'était ni nécessaire, ni même utile que j'effectuasse aussitôt la remise de ces ouvrages au service du catalogue, je négligeai de les remplacer immédiatement.

Cette négligence me coûta cher. Toutes mes démarches, tous mes pas étaient épiés, non seulement à la Bibliothèque, mais au dehors et jusque chez moi. On s'était, le jour même, aperçu de l'irrégularité commise. On y pensa trouver le moyen, si longtemps cherché, de m'intimider et de me réduire, et l'on se mit à l'œuvre aussitôt.

On ne me retira pas les facilités si grandes qu'on m'avait accordées, mais on en fit un prétexte de tracasseries constantes, de suspicions à peine déguisées. Toute une comédie fut organisée par la police et M. Taschereau, d'accord avec quelques employés de la Bibliothèque, pour me persuader que j'étais accusé de détournement et que j'allais être arrêté. On me faisait suivre dans les rues par des gens de mauvaise mine qu'on me disait être des agents de police. Par des allusions détournées, des mots à double entente, des histoires arrangées à dessein, on essayait de me troubler, de m'effrayer, et cette façon d'agir, je la retrouvais le soir chez M. Hélie, lorsque j'allais le voir. Ce dernier me tendit même alors un piége assez habile, où je ne tombai pas. Je lui prêtais beaucoup de livres de la Bibliothèque. Un jour il m'en demanda un d'une assez grande valeur, et cet ouvrage peu de temps après me fut brusquement réclamé par M. Taschereau. On espérait qu'en raison de sa valeur et des manéges auxquels j'étais en butte, je n'oserais dire que je l'avais emporté. Je déjouai le piége en répondant, ce qui était vrai, que j'avais usé, pour l'emporter, des facilités qui m'étaient accordées par M. Taschereau, et je le rapportai le lendemain.

Pendant tout ce temps, on me tint d'ailleurs sous l'action de substances toxiques qui tantôt paralysaient mes facultés, tantôt les exaltaient, et dont l'action était calculée de façon à me troubler l'esprit et à me faire commettre des actions qu'on pût présenter comme déraisonnables. Je n'en commis point de telles cependant, mais je fus en proie à des hésitations, à des doutes fâcheux. Au lieu de couper court à tout ce manége en faisant racheter les volumes égarés, je crus bien faire d'attendre pour en donner l'ordre au libraire, que cette émotion fut apaisée. *Quos vult perdere, deus* (lisez : la police) *dementat..*

Ces taquineries m'ennuyaient, mais m'effrayaient fort peu. Je savais n'avoir point de reproches sérieux à craindre et je ne suis point d'un caractère facile à intimider.

Alors on changea de tactique. Aux tentatives d'intimidation succédèrent des provocations directes. A la Bibliothèque, je fus plusieurs fois insulté gravement par certains de mes collègues, par M. Taschereau lui-même. En même temps M. Hélie, un jour que j'étais allé le voir, me fit un tel accueil que je ne remis plus les pieds chez lui. Mais il affecta, depuis lors de se trouver sur mon passage dans les rues, aux bureaux de voitures, et d'y prendre envers moi des airs provocants ou moqueurs. Je pressentais d'ailleurs très-bien le piége caché sous ces provocations, et je n'y tombai pas. Mais plusieurs fois, à la Bibliothèque, je relevai vertement en paroles les insolences de quelques-uns de mes collègues, et je finis même par leur défendre de m'adresser la parole.

Quand on fût bien sûr qu'on n'obtiendrait pas de moi la violence attendue et cherchée, on fit venir mon père. On avait, au préalable, tout préparé pour sa venue.

Les irrégularités que j'avais commises ne pouvant fournir l'ombre même d'un prétexte pour une poursuite judiciaire, on les avait utilisées d'une autre façon. On les avait présentées, en les aggravant très-certainement et en les déformant, comme des indices d'un dérangement d'esprit. Pour donner à cette soi-disant maladie mentale un caractère dangereux qui permît de me séquestrer, on joignit à ces faits les altercations que j'avais eues avec mes collègues, en omettant, bien entendu, de dire qu'elles étaient les conséquences de provocations incessantes et éhontées. M. Taschereau les présenta comme de graves symptômes sur lesquels il appela l'œil protecteur de la police et les savantes méditations des médecins aliénistes, et du tout il fit des lettres-rapports qui furent envoyées à la Préfecture et que je regrette de ne pas posséder, car leur dissection serait bien instructive.

En même temps, mon père à Saint-Georges-sur-Loire ([1]), où il habitait, MM. Taschereau et Hélie à Paris, disaient à qui voulait les entendre, qu'à la suite de travaux excessifs ma raison s'était altérée, de sorte qu'un beau jour je me trouvai atteint et convaincu d'aliénation mentale sans me douter que j'eusse été malade, et certainement sans l'avoir jamais été.

J'ajoute, afin de bien établir, dès l'abord, ce fait important, que ni à cette époque, ni dans la période qui précéda mes arrestations, je ne fus soumis à l'examen d'un seul médecin. Je puis l'affirmer en toute certitude, car je ne vis pas alors une seule personne qui me fût étrangère ou inconnue. Si par hasard il existait des certificats contredisant mon assertion, je les déclare mensongers et controuvés, et je m'inscris en faux contre de pareilles pièces.

Lorsqu'on jugea le moment venu de donner un dénouement à cette comédie qui dura près de deux mois, M. Taschereau pria M. Hélie, cet ami si dévoué, d'écrire à mon père de venir me chercher ; puis il me fit appeler dans son cabinet, et là m'apprit qu'il venait de m'accorder un congé d'un mois pour que j'allasse voir mes parents.

Je refusai net cette faveur inattendue pressentant, et je n'avais pas tort, qu'elle devait cacher des arrières-pensées perfides.

([1]) Chef-lieu de canton situé à quatre lieues d'Angers.

On ne se découragea pas. Mon père, qui vint me voir dès son arrivée (16 Décembre 1872), et que je dus bientôt prier de cesser ses visites, tant son attitude et sa conversation avaient été provocantes, mon père s'attacha dès lors à mes pas. Il venait m'attendre à la porte de la Bibliothèque ou m'arrêtant au passage, dans les rues les plus fréquentées, il me retenait presque de force, afin de me contraindre à l'écouter. Plusieurs fois, pour me soustraire à ces provocations, je fus obligé de me dégager et de me détourner de mon chemin.

Entre temps, mon père allait voir M. Taschereau et M. Hélie, afin de se concerter avec eux. Il se rendit aussi chez M. Gubler, professeur de thérapeutique à l'Ecole de Médecine de Paris, dont j'avais été deux ans l'élève, pour s'assurer à tout le moins son silence et son inertie. Enfin, il écrivait à ma mère des lettres dont le contenu, répandu à Saint-Georges-sur-Loire, y devait préparer les esprits à mon retour et aux violences qu'on méditait dès lors, si je poussais trop loin l'obstination.

J'étais assez perplexe. J'avais la conviction, non la certitude qu'on se proposait pour fin de me marier avec ma cousine, et je me demandais parfois s'il ne serait pas plus sage d'aller à Saint-Georges, où demeuraient mes parents et ma cousine, afin d'y vérifier le fait. On me conseilla d'aller voir M. Hélie, sur les dispositions duquel je m'étais mépris, me disait-on. J'y consentis. Il se montra convenable et m'engagea vivement à me rendre chez mes parents. Comme le conseil était d'accord avec mes dispositions, je me laissai persuader, et je partis le 20 Décembre 1872 pour Saint-Georges-sur-Loire, en compagnie de mon père.

Afin de pénétrer les véritables intentions de mes parents, j'usai alors d'un stratagème fort innocent. Je me montrai docile à tous leurs désirs, et pendant une huitaine de jours, je me laissai conduire comme un enfant. On prit confiance en me voyant de si bonne composition, puis bientôt on s'enhardit, et les sollicitations indirectes de mariage devinrent si claires et si pressantes que mes derniers doutes furent levés.

Je ne sais du reste comment j'en avais pu conserver si longtemps. A différentes reprises, les années précédentes, des efforts désespérés avaient été faits pour m'amener à ce mariage, et j'avais eu le tort, qu'on ne m'avait pas pardonné, de m'en apercevoir à peine. Au mois d'Août précédent, entre autres, ces tentatives avaient été si manifestes que pour ne pas avoir à les prendre au sérieux, je dus les tourner en plaisanteries, et ma cousine alors m'avait fait sentir par son air pincé et son ton aigre-doux qu'elle se croyait déjà des droits sur ma personne, et qu'il n'y avait rien de plaisant dans ses desseins. On se croyait si sûr, du reste, de la réussite de ces projets de mariage avec le concours, certain déjà, de la police, qu'on ne les cachait nullement, et depuis des années les gens du pays m'appelaient, sans que je m'en doutasse, *le galant de Mademoiselle Louise.*

J'ai même trouvé dans des lettres de ma cousine à ma mère, plusieurs passages où il est fait des allusions évidentes à ce projet de mariage, entre autres celui-ci, le seul que je veuille actuellement citer :

Saint-Georges-sur-Loire, le 14 Avril 1871.

Ma chère tante... J'ai plusieurs choses assez importantes à vous communiquer et je ne pourrai vraiment le faire que de vive voix. *Tranquillise-toi — ce n'est pas au sujet de mariages — je garde toujours le célibat.*

J'écrivis alors à M. Hélie pour lui demander quelle était au juste ma situation à la Bibliothèque. J'en reçus une lettre que je reproduis plus loin, et dans laquelle, n'osant me dire que je suis un malade dangereux, de peur de m'ouvrir les yeux sur les desseins de la police et de mon père, il essaie de me persuader que je suis fatigué et que j'ai besoin de repos. Son ton autoritaire, et le sans-façon dont on dispose de moi, sans daigner même me consulter, prouvent qu'on se croyait déjà sûr de me tenir. Cette lettre m'apprenait cependant, chose essentielle pour moi, que j'étais encore titulaire de ma place à la Bibliothèque. Après l'avoir reçue, je saisis la première occasion d'entretenir mon père en particulier, et je lui demandai pour quel motif on m'avait fait venir à Saint-Georges, et s'il avait quelque projet dont il pût ou voulût me faire part. La réponse ayant été négative, je lui déclarai que j'allais dans quelques jours repartir pour Paris. Alors on recommença de me soumettre au régime de tracasseries, d'avanies et de provocations qu'on me faisait subir depuis deux mois, mais qu'on avait en partie suspendu depuis mon arrivée à Saint-Georges, et il me fût d'autant plus sensible que les provocations les plus irritantes et les pires injures me venaient de mon père et de ma mère.

Le 31 Décembre, je repartis pour Paris. Mon père aussitôt ressaisit la plume. Il écrit des lettres éplorées à M. Taschereau, à M. Gubler, et très-certainement, bien que je n'aie pas les copies, à M. Hélie et à la police. Il leur dit que malgré tous ses efforts, il n'a pu m'empêcher de repartir ; il leur signale à mots couverts le danger qu'aurait pour eux l'avortement de leurs desseins ; il les supplie de me renvoyer à Saint-Georges par tous les moyens possibles, et surtout de ne pas me perdre de vue un seul instant. En même temps, il s'adresse à l'un de mes cousins, M. Léon D., homme d'une honnêteté et d'une loyauté parfaites, mais précisément pour ce motif, fort gênant, car il ne se doutait pas du complot, et il était à craindre qu'il ne devint tôt ou tard, même à son insu, un obstacle fort sérieux. Ne pouvant ni l'écarter, ni le corrompre, on résolût de le tromper, d'en faire même un instrument, et, s'il était possible, de le compromettre. Mon père déjà l'était allé voir à son précédent voyage. Il lui avait confié ce qu'il appelait ses craintes sur ma santé. Il lui écrivit de nouveau, le suppliant de lui venir en aide, le chargeant même de m'observer et de lui rendre compte de mes démarches. On se crût sans doute fort habile en se servant ainsi de mon cousin, mais en réalité on commit une lourde faute, car ses lettres, d'une entière bonne foi, dans lesquelles il ne dissimule rien, se retournent aujourd'hui contre ceux qui les ont dictées et manifestement les convainquent d'imposture. Je les cite plus loin *in extenso.*

L'effet des lettres de mon père se fit aussitôt sentir. Les provocations redoublèrent, devinrent intolérables. Dans les voitures publiques, dans les rues, jusque chez moi, je les rencontrais, le plus souvent indirectes et sous forme d'allusions plus ou moins transparentes, ou d'attaques déguisées — quelquefois directes et personnelles. Je ne savais pas alors qu'un des procédés favoris de la police, quand elle prépare une séquestration arbitraire, est de soumettre la personne qu'elle veut arrêter à un système calculé, continu, de vexations et d'outrages ; de la harceler jusqu'à ce qu'elle commette une violence qui la fasse arrêter, et dont plus tard on se servira comme d'un moyen d'intimidation — ou jusqu'à ce qu'elle porte une plainte dans laquelle on découvre d'autant plus facilement les symptômes de la manie ou du délire de la persécution qu'on a eu soin de les y mettre, qu'on a du moins tout préparé pour qu'ils s'y trouvent.

J'ignorais aussi qu'afin d'accroître l'exaspération de la personne ainsi poursuivie, on lui administre à son insu des substances toxiques qui la surexcitent; et n'étant point en garde comme je le suis aujourd'hui contre l'action de ces substances, ne la sentant point naître et se développer, je n'étais pas aussi capable de la maîtriser que je le suis devenu. Je voyais très-bien cependant qu'on voulait m'arrêter, et comme j'avais été plusieurs fois insulté, provoqué même directement, afin de me défendre contre des agressions personnelles que je n'avais pas tort de prévoir, car elles se sont produites plus tard, j'achetai un revolver. Puis, quelques jours après mon arrivée à Paris, voulant avoïr une explication catégorique avec mon père, et savoir de lui ce qu'on voulait de moi, je repartis pour Saint-Georges.

Bien que je n'aie pas su le démêler dans le moment, j'étais alors, je le répète, sous l'action de substances toxiques. L'expérience que j'ai plus tard acquise des pratiques de la police, et le souvenir de ce que je ressentais, me permettent de l'affirmer de la façon la plus positive. Ma surexcitation était si grande, que je sentais en quelque sorte vibrer mes nerfs, et qu'il s'y produisait, sous l'influence du poison, des mouvements qui me faisaient affluer le sang à la tête, me donnaient le vertige et, malgré moi, me précipitaient en avant.

Cependant on ne craignit pas alors, sachant que j'avais une arme chargée dans ma poche, de me faire provoquer publiquement par mon père.

Tandis que j'attendais, dans une des salles de la gare d'Angers, le départ du train, mon père s'avança jusqu'à la porte, fit mine de me chercher du regard ; puis, quand il m'eût aperçu, d'un sourire et d'un signe de tête, il marqua son contentement de me voir revenu, de me tenir de nouveau en son pouvoir, et il s'éloigna.

J'avais eu la force de me contenir. Mais à mon arrivée à Saint-Georges, où je ne trouvai que ma mère, j'éclatai en reproches, je fis du bruit, et comme c'était le soir et qu'on me savait armé, on saisit l'occasion si longtemps cherchée en vain, on me fit arrêter par les gendarmes (2 Janvier 1873).

Voici de quelle manière on s'y prit :

Venu pour m'expliquer avec mon père, l'ayant vu à la gare d'Angers, convaincu, et je ne me trompais pas, qu'il était revenu en même temps que moi sans que je l'aperçusse, je le demandais avec insistance. Ma mère alors me dit ou me fit dire qu'il venait de rentrer et m'attendait dans une salle basse. J'y descendis, fort calme, et comme j'ouvrais la porte, les gendarmes qui me guettaient, cachés derrière, se jetèrent sur moi. On espérait que, surpris de la sorte, j'allais faire de la résistance, tirer mon revolver que j'avais, désarmé, dans ma poche. Je n'en fis rien. En voyant les gendarmes, j'avais aussitôt deviné le piège et je me laissai saisir, fouiller et conduire à la gendarmerie avec un calme et un sang-froid qui durent singulièrement désappointer mes provocateurs.

Pendant une demi-heure les gendarmes me gardèrent au milieu d'eux et de leurs femmes, attendant sans doute un mot de colère ou de menace qui ne m'échappa point. Je ne relevai même pas certaines provocations indirectes, comme ce mot du brigadier : *M. Faligan, les plus forts sont toujours les maîtres*, mot qui, je l'espère, dans cette affaire au moins, ne se vérifiera pas.

Le maire vint ensuite. C'était M. Suaudeau, régisseur du château de Serrant, aujourd'hui conseiller général du canton. Sa visite fut courte et faite seulement pour la forme. Je lui dis que poussé à bout par d'incessantes provocations, j'avais eu le tort de céder à la colère, mais que bien décidé à ne plus donner dans de pareils piéges, j'étais prêt, s'il me relâchait, à quitter Saint-Georges et à n'y plus reparaître.

Il sortit sans me répondre, mais la police et mon père s'étaient sans doute assuré sa complicité, car les gendarmes, après son départ, m'enfermèrent dans la prison, et le lendemain je fus conduit à la maison d'aliénés de Sainte-Gemmes.

La manière dont j'y fus conduit trahit, de la façon la plus évidente, le but qu'on poursuivait.

Ordinairement, lorsque des faits semblables se produisent dans une famille, on les dissimule ou les cache. On fait conduire sans bruit, secrètement si l'on peut, la personne arrêtée à l'asile.

Mais une telle façon d'agir n'eut point atteint le but qu'on poursuivait. Ce qu'on voulait, avant tout, c'était de constater d'une façon publique, indéniable, qu'à la suite de violences commises dans la maison paternelle, j'avais été conduit à Sainte-Gemmes, en d'autres termes que j'avais eu un accès d'aliénation mentale, et rien ne fut épargné pour y parvenir. On me fit partir en plein jour dans une voiture ouverte, où j'étais placé derrière deux gendarmes. Pendant près d'une demi-heure on laissa la voiture stationner devant la porte de la gendarmerie, afin de donner le temps aux habitants du bourg de s'attrouper.

Puis, quand on jugea la foule assez considérable, on me la fit traverser lentement. A mi-chemin d'Angers, au village de la Roche, on me contraignit de descendre et d'entrer dans une auberge où les gendarmes s'arrêtèrent pour boire, et l'on me fit ensuite traverser la ville entière dans le même attirail.

Mais la maison d'aliénés de Sainte-Gemmes avait alors et a, je crois, encore pour médecin en chef M. le Dr Combes, un de mes anciens condisciples de l'Ecole de Médecine d'Angers. M. Combes ne refusa pas, lorsque je le lui demandai, de faire constater par deux médecins que je n'étais nullement malade. Il convoqua le surlendemain MM. le Dr Farges, directeur de l'Ecole de Médecine d'Angers, et le Dr Godard, et le préfet, après avoir vu leur rapport, refusa d'autoriser, même à titre provisoire, ma séquestration à l'asile. Mon père, qui m'avait suivi de près, l'apprit presque aussitôt, et son désappointement éclate visiblement dans les réponses, citées plus loin, qu'il fit aux lettres sages et conciliantes du Dr Combes.

Afin de m'éloigner de la maison paternelle, où les conflits étaient le plus à redouter, le Dr Combes me fit promettre, et j'en pris l'engagement sans peine, de n'y pas reparaître de quelque temps. Il vint lui-même me conduire à la gare dans sa voiture.

Dès que je fus de retour à Paris, les tracasseries et les provocations recommencèrent. M. Hélie ne craignit pas de venir me narguer jusque chez moi. Je fus obligé de le mettre à la porte. Comme je le soupçonnais, non sans apparence de raison, d'être l'un des principaux instigateurs des insultes et des provocations auxquelles j'étais en butte, je lui écrivis même un ou deux jours après pour l'inviter à y mettre un terme. Armé de cette lettre, il se rendit chez le commissaire de police de Passy, puis à la préfecture. Mais ce fut en vain, paraît-il, que dans les deux endroits il demanda mon arrestation. Outre qu'on n'ignorait point sa conduite envers moi, le rapport favorable des deux médecins d'Angers était trop récent pour qu'on osât n'en pas tenir compte.

Alors on changea de tactique. Mon père ne m'avait pas suivi. Il était incapable d'un nouveau voyage, écrivait-il à mon cousin, M. Léon D... La douleur, tant d'émotions avaient brisé ses forces.

En réalité, s'il se tenait à l'écart, c'était afin de mettre M. Léon D... en avant et d'en obtenir des démarches qu'il ne pouvait plus faire lui-même, s'étant déjà trop compromis.

Mon cousin fut trompé par ces beaux semblants de douleur et de sollicitude, et il était impossible qu'il ne le fut pas. M. Taschereau, M. Hélie, mon père, M. Gubler, les trois premiers surtout, par toutes sortes de mensonges, l'abusaient et l'effrayaient sur mon compte. J'étais, disaient-ils, dans un état constant de fureur, et je pouvais me porter aux actes de violence les plus dangereux. Mon père s'accusait même d'avoir eu l'imprudence de me renvoyer mon revolver, fait absolument faux, car cette arme, saisie sur moi par les gendarmes, ne m'a jamais été rendue. M. Gubler offrait toutes garanties d'un examen sérieux, en promettant d'écrire à son collègue M. Lassègue, médecin de la Préfecture. M. Taschereau s'engageait à me conserver ma place qui, sans cela, serait irrévocablement perdue, disait-il, car il allait être obligé de me faire arrêter la première fois que je mettrais les pieds à la Bibliothèque. Il n'était pas jusqu'au commissaire de Passy qui me menaçât de faire enfoncer les portes de mon appartement à la première apparence de danger pour s'emparer de ma personne. Bref, on fit tant et si bien que mon cousin, harcelé par les obsessions de MM. Taschereau et Hélie, crut de son devoir de provoquer mon arrestation, bien qu'il ne m'eut pas vu, et la police, acceptant comme des vérités tous les mensonges inventés par elle-même et qu'elle lui avait fait souffler, l'ordonna.

J'ai dit comment on y procéda. J'ajoute ce fait qu'on avait l'espoir, par cette arrestation, de déterminer des violences qui ne se produisirent point, car bien que je restasse parfaitement calme, le secrétaire du commissaire ne cessait de me supplier de ne point résister à l'agent que je le contraignis d'appeler, très-certainement afin de m'en suggérer l'idée.

III.

Comment la Police fabrique les aliénés.

(Lettres et documents.)

J'ai dit les faits.

Maintenant je vais apporter les preuves.

I. En même temps qu'on cherchait à me donner l'idée la plus favorable de ma cousine Louise, on essayait, par des mensonges et des calomnies, de m'inspirer des préventions contre les personnes de ma famille en situation de prendre ma défense. De nombreux passages des lettres de mes parents l'établissent. Il serait trop long et d'ailleurs peu convenable de les reproduire ici. Mais je possède ces lettres et je les tiens, Messieurs, à votre disposition.

II. Le peu d'importance et de valeur des livres égarés et perdus résulte de la façon la plus évidente d'une lettre du 14 Septembre 1874, dans laquelle M. Léopold Delisle, administrateur-général de la Bibliothèque, refuse, comme l'avait fait M. Taschereau, son prédécesseur, d'accepter le remboursement du prix de ces ouvrages.

DIRECTION
DE LA
BIBLIOTHÈQUE
NATIONALE.

Paris, le 17 Septembre 1874.

Monsieur,

Sur les six volumes appartenant à la Bibliothèque nationale que vous avez égarés, le Département des Imprimés a pu se procurer les deux ouvrages relatifs à la guerre de 1870-71. Quant aux quatre dictionnaires dont l'acquisition, présentant peu d'intérêt pour nos collections, n'avait été faite que parce que ces volumes se trouvaient compris dans un lot de vingt-huit articles achetés en bloc, il n'avait pas paru utile de les chercher de nouveau.

Pour ces motifs, je ne vois pas, Monsieur, qu'il y ait lieu pour la Bibliothèque de donner suite à votre offre de restitution....

Agréez, Monsieur, l'assurance de ma considération distinguée.

L'Administrateur Général Directeur,
L. DELISLE.

J'ai depuis lors racheté moi-même ces ouvrages, et je les ai remis à M. Léopold Delisle qui n'a pas réfusé la restitution offerte sous cette forme, et a bien voulu me délivrer un certificat la constatant.

Une lettre de M. Taschereau, que je cite plus loin, prouve d'ailleurs que, même après ma séquestration, il n'était point hostile à ma rentrée à la Bibliothèque, à la condition, bien entendu, que je l'achetasse par une entière soumission aux volontés de la police et de mon père.

III. Afin de motiver la venue de mon père à Paris, M. Taschereau prie M. Hélie de l'inviter à venir me chercher.

A propos de cette lettre, mon père écrit le 15 Février 1873, à mon cousin, M. Léon D...

« J'ai déposé au dossier de Charenton la lettre de M. Hélie qui m'engageait à aller chercher Ernest par suite des motifs précisés par M. Taschereau. »

Je ne puis donc la reproduire. Mais j'ai retrouvé dans les papiers de mon père, et écrite de la main de M. Hélie, l'enveloppe de cette lettre, mise à la poste le 13 Décembre 1873.

IV. Dans une lettre à ma mère, en date du 18 Décembre 1873, mon père a raconté lui-même toutes les démarches qu'il fit lorsqu'il vint me chercher à Paris.

Paris, Mercredi 18 Décembre 1873.

Ma chère Louise,

Je ne puis encore te préciser ce qu'est la position d'Ernest. Pour le présent *elle est inquiétante, mais non encore désespérée.* Je ne puis donc que te préciser ce que j'ai fait ici hier et avant-hier. Le voyage ne m'a pas du tout fatigué. Arrivé à 10 heures 5 minutes du soir, je me suis contenté de me caser aux environs de la gare, me trouvant bien éloigné de la demeure d'Ernest. Hier, dès le matin, je m'y suis rendu et je ne l'y ai point rencontré. Je suis de là passé chez M. Hélie qui était absent et n'a dû rentrer que tard dans la soirée. A la porte de la Bibliothèque, où je me rendais dans l'espoir d'y rencontrer Ernest, je l'ai rencontré sortant, et il ne m'a pas favorablement accueilli, *persuadé que je m'entendais avec M. le Directeur de la Bibliothèque pour le tourmenter.* Ce matin je me suis de nouveau présenté chez lui et ne l'ai pas rencontré dans de favorables dispositions. *Il se refuse obstinément à s'en revenir à Saint-Georges avec moi, ce qui me préoccupe beaucoup....* Hier soir, m'étant rendu chez lui, Léon D..., qui ne l'avait pas encore vu depuis son arrivée ici qui date de huit jours, nous y est venu surprendre inopinément, ce qui m'a beaucoup contrarié à raison de ce que cela lui fait supposer que nous nous entendons pour le tromper et le décider à quitter Paris, où il veut et prétend rester malgré tout. *Dès l'arrivée de Léon, il a été très-convenable et a parlé si bien raison sur tout que Léon, qui ne manque pas de perspicacité, l'a trouvé très convenable.* Ce matin, je n'ai pu voir M. Hélie qu'un instant, et il a invité Ernest à passer chez lui vers les 7 heures. Y viendra-t-il ? C'est douteux. *Enfin je m'y rendrai, moi, et me tiendrai dans une pièce voisine.* J'ai aussi vu pour la seconde fois le Directeur de la Bibliothèque, et nous avons longuement causé. Je suis aussi allé voir ce matin M. Gubler qui demain doit, à 5 $^1/_2$ heures du soir, entrer chez Ernest et l'aller visiter en compagnie de M. Hélie. Tous ces Messieurs partagent nos tristesses et sont le plus favorablement disposés.

J'aurais à entrer dans beaucoup d'autres détails, mais comme ils ne sont que secondaires, je me contente pour aujourd'hui de ceux ci-dessus transcrits.

Ne te désoles donc pas, ma chère Louise, attendons avec résignation la suite de nos investigations et le résultat de nos bons soins...

Ne m'adresse les lettres qui me parviennent à Saint-Georges qu'en cas de nécessité absolue. *Ta nièce Louise se contentera de me dire en peu de mots ce dont il s'agira....*

FALIGAN.

Cette lettre est tellement significative qu'elle n'a pas besoin de commentaires.

J'ai souligné les passages les plus saillants. Je me contente de relever ce qu'il y a de perfide à présenter comme prochaine et certaine, dans une lettre qui fut certainement communiquée à beaucoup de personnes, une visite que ni M. Gubler, ni M. Hélie n'avait probablement l'intention de me faire, et qui n'eut pas lieu.

Je signale aussi le passage relatif à M. Léon D... Il prouve de la façon la plus évidente que mon cousin n'était point du complot. Il a pour objet de prévenir l'effet fâcheux de ses dires, qui pouvaient être en désaccord avec ceux de mon père, et ce fut probablement pour échapper au danger de ces contradictions et de ces surprises qu'on s'efforça plus tard de lui faire jouer dans l'affaire, en le trompant, le rôle de mandataire de ma famille.

V. Aussitôt de retour à Saint-Georges, où je l'ai suivi, mon père écrit à M. Taschereau, puis à M. Hélie, pour leur rendre compte du voyage.

Voici les deux lettres :

St-Georges-sur-Loire, Samedi soir 21 Décembre 1872.

Monsieur,

Je m'empresse de vous faire savoir que nous sommes, mon fils et moi, arrivés ici vendredi soir, sans incident fâcheux. Il a même été très-tranquille, sauf un léger accès de peu de durée, motivé sur ce que vous et nous, nous nous entendons pour le tourmenter.

22 Décembre.

(A Monsieur Hélie)

Je me proposais de vous faire savoir dès hier Samedi, que nous sommes, mon fils et moi, arrivés ici Vendredi soir, et que le voyage s'est effectué sans incident fâcheux. Si j'ai remis à aujourd'hui, c'est que je tenais à ne pas le perdre de vue un instant, et qu'il a insisté pour ne s'aller coucher hier qu'après onze heures, et que je me suis trouvé très-fatigué de mon voyage. La journée de Samedi s'est passée tranquillement ici, sauf (manquent ici quelques mots) ; celle d'aujourd'hui a été meilleure encore. Nous avons fait une longue course dans la campagne, et nous les continuerons chaque jour, car je l'ai trouvé au retour plus causeur qu'avant. Heureux de l'intérêt que vous daignez porter à notre malheureux fils, Madame Faligan et moi vous prions de vouloir bien les lui continuer et agréer.... l'expression de notre vive et sincère reconnaissance.

Mon père s'apprête en outre à tenir MM. Taschereau et Hélie au courant des moindres incidents qui pourront survenir, et chaque jour il prend note de ce que j'ai fait d'essentiel. Je possède ce petit momento écrit de sa main. Il va du 20 Décembre au 5 Janvier 1873.

VI. J'ai dit que pendant toute cette période préliminaire, je ne fus pas soumis à l'examen d'un seul médecin, et que s'il existait des certificats contredisant mon assertion, je les déclarais mensongers et controuvés.

Peut-être, en faisant cette déclaration, n'ai-je pas pris une précaution inutile, car à la suite des deux lettres que je viens de citer, il en existe une troisième sans date, mais évidemment de la même époque, et ainsi conçue :

M. le D. de la B. n.

Monsieur,

J'ai l'honneur de vous faire savoir que nous sommes, mon fils et moi, arrivés ici vendredi soir, et que le voyage s'est effectué sans incident fâcheux. La journée d'hier samedi s'est passée très-tranquillement et celle d'aujourd'hui a été meilleure encore. Nous faisons de longues courses dans la campagne, et nous les continuerons chaque jour, car il a été plus causeur que la veille.

Le soin qu'a pris mon père de ne désigner le destinataire que par des initiales, alors qu'il écrit les autres noms en toutes lettres, m'a paru singulier et suspect, et sans doute aussi vous semblera tel.

VII. Vient ensuite la lettre de M. Hélie en réponse à celle où je lui demandais quelle était au juste ma situation à la Bibliothèque. J'ai signalé son ton autoritaire et le sans-gêne avec lequel on dispose de moi. On va voir que ce n'était pas à tort.

Paris, Jeudi 26 Décembre 1872.

Cher Monsieur,

Ne vous tourmentez pas ; M. Taschereau vous a accordé un congé régulier d'un mois avec prolongation d'un second mois si cela vous est nécessaire pour vous remettre. Vous êtes très-fatigué parce que vous avez trop travaillé cet été. Voilà pourquoi on vous a emmené à la campagne ; c'est pour vous reposer et vous remettre complétement. Il ne faut donc pas vous tourmenter ni vous inquiéter. Vous rentrerez à la Bibliothèque à l'expiration de votre congé et vous reprendrez vos travaux. Il faut donc garder votre appartement et vos meubles pour le moment où vous reviendrez à Paris quand vous serez entièrement remis, mais il faut pour vous remettre que vous ne vous inquiétiez pas, que vous ne vous fassiez de tourment d'aucune nature. Je vous le répète, vous êtes en congé pour un mois d'abord et deux mois au besoin. Ainsi tranquillisez-vous ; vous retrouverez vos occupations en revenant ici ; mais il ne faut revenir que lorsque vous serez entièrement reposé, et que le corps et l'esprit seront remis de la trop grande fatigue causée par l'excès du travail. Promenez-vous bien toute la journée, ne vous faites pas de tourments et croyez-moi toujours votre sincère ami.

F.-A. HÉLIE.

Il y avait alors quatre mois que je n'avais rien écrit, sauf deux ou trois articles, et mon travail à la Bibliothèque se trouvait lui-même fort allégé.

Peut-on imaginer rien de plus irritant que cette prétention de persuader à une personne saine d'esprit et de corps, et d'un caractère très-actif, qu'elle ne doit absolument rien faire, de l'y contraindre même au besoin, car à la maison paternelle, on s'était arrangé de façon à me rendre tout travail, et même toute lecture impossible ?

On voulait évidemment me réduire par l'ennui ou me pousser à des actes de colère qui servissent de prétexte pour me faire enfermer.

VIII. Le 31 Décembre, ayant pénétré les vues de ma famille, je pars brusquement. Aussitôt mon père écrit des lettres éplorées à M. Taschereau, à M. Gubler, à mon cousin Léon D...

Voici les deux premières. A peine ai-je besoin de dire que la menace de me suicider, qu'on me prête dans l'une d'entr'elles, est absolument fausse.

31 Décembre 1872.

Monsieur,

Je me disposais à vous écrire pour vous faire savoir que la vie tranquille de la campagne et les fréquentes et longues promenades que nous y faisions, avaient apporté une amélioration sensible dans la situation de mon malheureux fils, alors qu'une nouvelle crise plus violente et plus prolongée que celles précédentes est venue dissiper toute illusion.

Nos tentatives ont échoué contre sa résolution de retourner à Paris. Il nous menaçait de se suicider si l'on y mettait obstacle, et il est parti par le train qui arrive ce soir à Paris à 10 h. 1/4.

J'ai un neveu à Paris auquel j'écris par ce même courrier, pour qu'il ait à s'entendre avec vous, avec M. Hélie, dont la bienveillance nous a été et nous est si précieuse, et avec M. Gubler, professeur à la Faculté de Médecine, Rue du 4 Septembre, 18, sur les mesures à prendre en cas de nécessité absolue.

Veuillez agréer, Monsieur, je vous prie, l'expression de ma vive reconnaissance et de mon profond respect.

---

31 Décembre 1872.

Monsieur Gubler,

Ainsi que j'ai eu l'honneur de vous le dire, le Jeudi 19, mon malheureux fils a consenti à venir passer ici un congé d'un mois qu'on lui avait accordé à la Bibliothèque. Notre voyage du Vendredi 20 s'est effectué dans les meilleures conditions, et la vie tranquille de la campagne, et les fréquentes et longues promenades que nous faisions avaient apporté une amélioration sensible dans sa situation. Avant-hier soir, un commencement de crise s'est manifesté. J'espérais que la nuit, pendant laquelle il a paru reposer avec assez de calme, y apporterait remède.

Loin de là, elle a repris le matin avec plus d'intensité, et toutes nos tentatives ont échoué contre sa résolution de retourner à Paris ; il menaçait de se suicider si l'on y mettait obstacle...

J'ai un neveu à Paris, du nom de D...., Boulevard Montparnasse, 163, auquel j'ai écrit hier pour qu'il ait à s'entendre avec vous et avec M. le Directeur de la Bibliothèque sur les mesures à prendre en cas de nécessité absolue, car je crains que mon fils aille renouveler à la Bibliothèque les scènes qu'il y a déjà faites.

J'ai éprouvé depuis 16 jours de telles fatigues de corps et d'esprit que je me sens incapable d'entreprendre un nouveau voyage de Paris à mon âge de plus de 76 ans.

Veuillez être assez bon, Monsieur, pour vouloir bien aider mon neveu de vos bons conseils en la circonstance malheureuse où je me trouve, et agréer l'expression de ma vive reconnaissance et de mon profond respect.

J'avais le soir informé mon père de ma résolution de retourner à Paris et le lendemain j'y persistai. C'est cette résolution, en opposition avec ses désirs, que mon père appelle une crise.

Je n'ai point retrouvé la lettre à mon cousin. Ce paragraphe isolé, jeté sur le papier à la suite de la lettre à M. Taschereau, semble en avoir fait partie.

« Je n'ose en indiquer aucune. Ces Messieurs sont plus compétents que moi pour en décider. Tenez-moi bien au courant de ce qui se passera, quelque pénible que ce puisse être. J'ai éprouvé depuis 16 jours de telles fatigues de toutes sortes que je me sens incapable d'entreprendre un nouveau voyage de Paris. »

Mais la réponse de mon cousin, M. Léon D..., en date du 3 Janvier, montre assez bien ce que devait être cette lettre.

3 Janvier 1873.

Mon cher oncle, je n'ai pu vous répondre plus tôt, car le jour du premier de l'an je ne pouvais voir personne. Hier, je me suis présenté chez M. Hélie, que je n'ai pas rencontré. J'ai vu M. Taschereau, le Directeur, qui ne m'a pas dit grand'chose, sinon ce dont il vous a probablement instruit vous-même, à savoir qu'Ernest avait parfois des moments de violence.

Je suis ensuite allé chez M. Gubler, qui ne m'a pas paru surpris qu'Ernest fut parti ; il croit que sa maladie sera longue et qu'il faudra le placer dans une maison de santé, car des accidents seraient à craindre, soit pour Ernest, soit pour les autres. Toutefois il ne veut pas décider à lui seul sur une mesure de cette importance. Il voudrait qu'Ernest fut examiné par un médecin-légiste, il m'a parlé de M. le Dr Tardieu, professeur de médecine légale et d'hygiène. Il faudrait le payer, m'a-t-il dit, et s'il jugeait qu'Ernest dût être placé dans une maison de santé, il faudrait que vous m'autorisiez à prendre toutes les mesures nécessaires pour cela.

Quant à ce dernier point, s'il est nécessaire d'y arriver, ce serait une bien lourde responsabilité à prendre, et je préférerais, je vous l'avoue, que vous fussiez présent, si votre santé le permet.

Je n'ai pas été voir Ernest, car ne voulant pas qu'il sache que vous m'avez écrit, ma seule présence eût été un aveu de la chose, et cela eût pu encore lui créer une contrariété qu'il est bon de lui éviter. J'envoie un de mes amis chez lui savoir de ses nouvelles.

Quant à la surveillance que vous me chargez d'exercer sur lui, c'est une chose qui n'est pas commode à Paris, vous le comprenez bien ; d'autant plus que par suite de la distance et des difficultés des communications, je ne voyais guère Ernest que tous les mois au plus. Une fréquence plus grande dans mes visites risquerait d'éveiller sa susceptibilité. Je ferai cependant de mon mieux, soyez-en assuré...

L'ami que j'avais envoyé arrive de Passy et n'a pas pu trouver (Ernest)...

IX. Je reviens à Saint-Georges. On m'arrête et me conduit à Sainte-Gemmes. Mais le directeur de l'asile et le préfet me font mettre en liberté.

Mon père, en l'apprenant, écrit au Dr Combes la lettre suivante, où le désappointement et l'irritation percent de la façon la plus visible. Il se croyait sûr de mon admission, ayant signé déjà l'engagement de payer ma pension.

5 Janvier 1873.

Monsieur le Directeur de l'asyle de Ste-Gemmes.

Par suite du refus de la Préfecture d'autoriser l'admission de mon fils dans votre établissement, même à titre provisoire, il a dû sortir de l'asyle ce matin et reste libre d'exécuter ses menaces, car il ne s'agit pour lui que d'acheter un nouveau revolver et d'être mieux servi par les circonstances.

J'avais pensé que, quelque partisan qu'on soit de la liberté individuelle, il est des situations exceptionnelles qui permettent d'y apporter certaines restrictions, notamment l'admission à titre provisoire dans un asyle ; il paraît que la loi s'y oppose. Je m'incline et me résigne...

Veuillez recevoir, Monsieur, mes remerciements pour votre bienveillant accueil et agréer l'expression de mon profond respect.

Le même jour, M. le Dr Combes annonce à mon père ma mise en liberté et mon départ.

Il termine de la sorte :

« Je crois devoir ajouter, Monsieur, que j'ai vivement insisté auprès de M. Ernest pour qu'il rentre dans une vie aussi régulière et aussi tranquille que possible, et qu'il ne fasse d'ici longtemps aucune tentative pour revenir chez vous, à moins que la paix n'ait été rétablie pleine et entière de part et d'autre. J'ignore ce qui pourra advenir de tout ce qui vient de se passer, mais je pense qu'il y aurait beaucoup à espérer des démarches officieuses qui pourraient être faites par des amis de M. Ernest. »

Et à ces paroles sages et conciliantes, mon père fait, le 8 Janvier 1873, la réponse suivante, fausse de tous points :

« Permettez-moi aussi pour l'acquit de ma conscience de vous faire observer, en réponse aux derniers paragraphes de votre lettre du 5 courant que, de ma part, la paix n'a pas besoin d'être rétablie, car elle n'a pas cessé d'exister, et que les démarches officieuses que vous conseillez ont été faites, tant de la part des amis de mon fils que de celle des miens. »

X. Je viens de rentrer à Paris. Mon père ne m'y suit point ; il a jugé plus prudent de s'y faire représenter par mon cousin, M. Léon D..., que la police, à son insu, conseille et dirige par la bouche de MM. Hélie, Taschereau et Gubler.

Dans deux lettres, l'une du 10, l'autre du 13 Janvier 1873, M. Léon D... rend compte à mon père des conseils qu'on lui donne et de ses démarches.

Voici ces deux lettres :

10 Janvier 1873.

Mon cher oncle,

Je ne vous ai pas écrit plus tôt, comptant toujours avoir un résultat à vous annoncer, au sujet des démarches que *je fais de concert avec M. Hélie qui, hier soir, a vu le commissaire de police de Passy, lequel s'est refusé à faire enfermer Ernest, à moins d'ordres supérieurs.* Par suite d'un malentendu provenant du fait de M. Taschereau, qui avait expédié chez M. Hélie une lettre que j'ai attendue chez moi jusqu'à aujourd'hui midi, *je n'ai pas assisté à cette démarche, non plus qu'à une visite que M Hélie a faite ce matin à la Préfecture de police, où on lui a promis de faire surveiller Ernest.* Demain matin je dois y aller avec lui pour tenter une nouvelle démarche.

Hier, j'ai vu M. Gubler, qui m'a envoyé chez un de ses collègues, M Lassègue, qui s'occupe spécialement de ce genre de maladie. Ces deux Messieurs ont été convaincus de l'état d'Ernest par une lettre qu'il a adressée à M. Hélie avant-hier, et que celui-ci m'avait remise. Tous deux s'accordent à dire (comme la police, du reste), tout en s'étonnant de la décision des médecins d'Angers, qu'après cette décision, il est difficile de le renfermer sans l'avoir fait visiter par des médecins. Je vous en parlais déjà dans ma précédente lettre, vous ne m'avez pas répondu à ce sujet. Voulez-vous m'autoriser à faire le nécessaire à cet égard, quoique je pense qu'on n'arrivera probablement par ce moyen à aucun résultat, car si Ernest a bien su se tenir pendant deux jours à Angers, il est à présumer qu'il le fera bien pendant un quart-d'heure ou une demi-heure. Etant médecin lui-même, il s'apercevra de suite de ce dont il s'agit, et se mettra sur ses gardes...

13 Janvier 1873.

Mon cher oncle,

Cédant aux instances de plus en plus réitérées et pressantes de MM. Hélie et Taschereau, j'ai fait arrêter Ernest ce matin. Son arrestation s'est faite sans esclandre ; comme je l'avais demandé, le commissaire de police l'a invité par lettre à se présenter à son bureau ; il y est venu et a été emmené au Dépôt de la Préfecture de police. *J'ai voulu agir aujourd'hui parce que c'est le jour de visite du Dr Lasségue, auquel M. Gubler avait écrit...*

Revenu à la Préfecture de police après avoir pris ces arrangements, j'ai appris qu'Ernest, qui était très-calme, avait été vu par M. Lasségue, qui avait ajourné son transfert, en laissant une lettre à son sujet pour son collègue qui sera de visite demain.

Je suis allé informer de mes démarches M. Taschereau, qui m'a dit qu'il allait écrire à M. Lasségue.

Parti à 9 h. 1/2 ce matin, je suis rentré à 4 h. 1/2 sans avoir eu le temps de rien manger qu'un petit pain. C'est vous dire qu'il m'a été impossible de m'occuper de vos colis. *A ce sujet, je trouve que vous avez eu le plus grand tort de renvoyer à Ernest son revolver, avec lequel il pouvait tuer lui ou d'autres...*

Enfin le 10 Août 1879, répondant à une lettre où je lui donnais avis de la découverte que je venais de faire dans les papiers de mon père, et lui prouvais qu'on avait indignement abusé de sa confiance, mon cousin achève et complète le récit de ces manœuvres :

Paris, 10 Août 1879.

Mon cher Ernest,

Je croyais que vous saviez depuis longtemps tout ce qui s'était passé en 1873 ; mais comme vous ne m'en parliez pas, de mon côté j'évitais de le faire pour ne pas raviver de pénibles souvenirs.

Vous rendez justice à ma bonne foi et à mes intentions dans cette affaire, je vous en remercie. Je puis vous l'affirmer en mon âme et conscience, en consentant à demander votre séquestration momentanée, j'ai eu pour but de ménager et votre situation et vos intérêts, en vous évitant les conséquences graves qu'aurait pu amener pour vous la surexcitation nerveuse à laquelle vous étiez en proie, me disait-on, surexcitation que je regardais comme très-passagère et amenée par un excès de travail. J'ignorais alors — votre brochure me l'a appris hier — qu'il pût exister des toxiques pour produire des effets aussi redoutables.

Vous m'accusez d'avoir agi légèrement. J'en appelle à votre bonne foi. Pouvais-je douter et hésiter lorsque des faits m'étaient signalés, et par votre père, et par des hommes considérables comme MM. Hélie et Taschereau, à la véracité et à l'honorabilité desquels je devais croire, en raison de la haute situation qu'ils occupaient. J'ajoute qu'à mon retour des vacances, pendant lesquelles je vous avais perdu de vue, et ne vous ayant vu que quelques instants à mon arrivée, je n'étais pas en mesure de révoquer en doute ce que me disaient des hommes ayant eu des relations journalières avec vous; un entretien de quelques heures ne m'eût pas éclairé beaucoup.

Cependant je comprenais tellement la gravité pour vous de la mesure qu'on réclamait de moi, comme votre seul parent présent à Paris, que j'ai traîné sous divers prétextes la chose en longueur une dizaine de jours, et que, même après avoir consulté M. Gubler, qui m'avait dit que je ne devais pas hésiter, j'hésitais encore.

Ce qui m'a déterminé, c'est ma dernière entrevue avec M. Taschereau, lequel m'avait promis — ce qu'il n'a pas tenu, du reste — de vous conserver votre emploi en ajoutant que si je me refusais plus longtemps à la mesure qu'il réclamait de moi dans votre intérêt pour ne pas vous exposer à des désagréments causés par votre surexcitation — car c'est ainsi que la chose m'a toujours été présentée, et c'était la seule façon dont je pusse l'admettre, — ajoutant, dis-je, que si je m'y refusais, il était décidé à vous faire arrêter la première fois que vous viendriez à la Bibliothèque, ce qui entraînerait la perte irrémédiable de votre emploi.

Vous le voyez, soit que ce soit moi, soit que ce fût un autre, cette arrestation était inévitable; seulement, dans le premier cas, il y avait la chance, et j'en avais la promesse, que votre emploi vous serait conservé, tandis que, dans le second, il était irrévocablement perdu après une arrestation publique. Entre ces deux alternatives, je n'ai pas pensé que l'hésitation fût permise plus longtemps, et je crois qu'à ma place vous auriez agi de même.

Du reste, j'ai toujours eu la préoccupation de ménager vos intérêts et votre situation quand vous sortiriez. Votre brochure me montre que le Commissaire de Passy m'a lui aussi trompé. Il voulait vous faire arrêter chez vous en défonçant les portes au besoin. Je m'y suis opposé, en le priant d'éviter tout scandale et lui demandant de vous mander à son bureau...

Je n'ai ensuite plus guère eu dans cette affaire à m'occuper que de détails financiers.

J'aurais désiré qu'on louât une chambre pour y mettre votre mobilier, et en éviter ainsi la vente, qui ne pouvait que vous causer préjudice. Je n'ai pu l'obtenir.

Enfin en terminant je vous dirai que bien souvent depuis, en voyant votre calme et la lucidité si parfaite de votre intelligence, je me suis demandé si les faits qui m'avaient été signalés n'avaient pas été exagérés par suite de cette tendance que je crois naturelle à l'esprit humain, et qui fait que des gens qui se sont effrayés tâchent de persuader aux autres et à eux-mêmes qu'ils ont eu des raisons sérieuses pour cela...

Léon D....

Dernier trait qui achève le tableau : les lettres les plus compromettantes qui furent alors adressées à mon cousin, lui ont été redemandées ensuite, afin, lui disait-on, de les joindre, soit au dossier de la Préfecture, soit à celui de Charenton.

XI. Voici la lettre du commissaire de police de Passy, à la suite de laquelle je fus arrêté :

Commissariat de Police
du Quartier
de la Muette.

Paris, le 13 Janvier 1873.

Monsieur,

Vous êtes invité à vous rendre à mon bureau, Rue de la Tour, 89, ce jour, à dix heures précises, pour affaire qui vous concerne.

Timbre du Commissariat.

Le commissaire de police.
(Un paraphe pour toute signature.)

IV.

Mon séjour à Charenton.

La conduite tenue par mon père, durant les huit mois et demi que dura ma séquestration, peut sembler d'abord assez difficile à démêler, ayant été fort complexe. Elle est même quelquefois contradictoire en apparence. Mais elle s'explique d'elle-même lorsqu'on en connaît le véritable but.

Comme par le passé, mon mariage avec ma cousine reste son objectif principal. De même que naguère pour m'y contraindre, il avait voulu me conduire à Saint-Georges, de même encore tous ses efforts vont tendre à m'y ramener en me rendant, à ma sortie, le séjour de Paris impossible.

Il suit, pendant toute cette période, avec plus d'habileté encore que dans les autres, un plan de conduite qui, de toute évidence, lui fut tracé par la police.

Naguère brisé par la douleur et les émotions, disait-il, incapable de supporter les fatigues d'un voyage à Paris, dès que je suis arrêté, comme par enchantement, il recouvre ses forces. Il accourt. Et quel est le but de ses premières démarches ? De donner congé de mon appartement, de faire vendre mes meubles, de s'emparer de mon argent, de confisquer, s'il est possible, mon traitement à la Bibliothèque ; en d'autres termes, de m'enlever tout refuge, tout point d'appui, toute ressource, car il faut que la contrainte paraisse venir, non pas de lui, mais de la force même des choses. Pour rien au monde, il ne voudrait exercer de pression sur ma volonté, au moins d'une manière ostensible, car il n'a pas les mêmes répugnances pour les violences secrètes, et n'éprouve nul scrupule à s'en servir. Au besoin même, afin d'éloigner de lui jusqu'à l'ombre d'un soupçon, il se fera prier quelque peu pour me recevoir chez lui ; il élèvera même des objections, et plus tard, lorsqu'il se croira sûr de me tenir, à la moindre discussion qui se produira, il me reprochera d'être, à mon âge, à sa charge, il énumèrera complaisamment ce qu'il appelle les sacrifices faits pour ma santé, et me reprochera même mes exigences et mon ingratitude.

Une telle conduite, à peine ai-je besoin de le dire, mon père, libre de ses actions, ne l'eut jamais tenue. Il avait dans le caractère trop de franchise et de générosité naturelle. Du premier moment jusqu'au dernier, il obéit aux instigations, aux ordres de la police, seule capable d'inventer ces perfidies et ces lâchetés, où ses agents se complaisent comme dans leur élément naturel. La nécessité de la suivre dans ces voies tortueuses et de s'abaisser jusqu'à ces trahisons est en effet le premier et le plus douloureux châtiment des personnes qui acceptent ou subissent sa domination.

Cette seconde arrestation, que mon père n'espérait ni si prompte, ni si facile, l'a rempli de joie et de confiance. Il se croit assuré du succès. Il marche hardiment d'abord, et nul obstacle ne l'arrête. Il s'est emparé de mon argent, il a donné congé de mon appartement. Mes meubles, si je ne cède avant le premier Avril, vont être vendus. Il en prépare déjà la vente. Mais deux difficultés bientôt l'arrêtent, et lui font sentir qu'il faut agir avec plus de prudence et de circonspection.

A la Bibliothèque on se refuse à lui livrer mon traitement. Des règlements formels l'interdisent.

Il apprend et s'en plaint avec amertume, qu'à toute personne enfermée dans une maison d'aliénés, même quand elle possède son père, on nomme pour curateur provisoire un étranger.

Ce curateur provisoire, M. Leclerc, notaire à Charenton, et l'un des administrateurs de l'établissement, M. Ernest Bertrand, s'ils n'ont pas fait leur devoir, qui était de s'opposer net à la vente absolument injustifiable de mon mobilier, ont montré du moins quelque sollicitude pour mes intérêts. Ils ont, sur ma demande, retardé cette vente de trois mois, et ce délai l'eût peut-être empêchée, si la police n'avait trouvé moyen de retarder d'autant ma mise en liberté.

Les médecins de l'établissement comprenaient très-bien quelle lourde responsabilité faisait peser sur eux cette séquestration arbitraire absolument injustifiée et injustifiable. Pour la leur faire accepter, il ne fallut rien moins que la pression toute puissante de la police, et la certitude de l'inertie de la magistrature, inertie qu'on obtint par l'influence de M. Hélie, je le prouverai tout à l'heure. Encore à tout moment hésitaient-ils, demandaient-ils que leur responsabilité fût couverte par une contre-visite de médecins étrangers. Ils avaient beau m'observer, me retourner de toutes manières, j'étais désormais sur mes gardes. Malgré les provocations, les injures, les outrages, les violences de toutes sortes dont on m'accablait, je ne laissais pas échapper un seul mot qui donnât prise sur moi.

Quelques temps après mon arrestation, M. Rousselin, le médecin en chef, l'avouait à mon cousin, M. Léon D... ; il me pressait lui-même d'écrire au parquet, afin de provoquer une enquête de la magistrature qui pût ensuite le couvrir.

Heureusement pour la police, et peut-être ne fut-elle pas absolument étrangère à cet accident heureux, M. Rousselin fut déplacé, suppléé pendant deux mois et demi par un médecin provisoire, M. Decorse, puis enfin remplacé par M. Saint-Yves, et comme ces deux derniers, avant de se prononcer d'une façon catégorique, éprouvèrent le besoin de recommencer personnellement les observations déjà faites, cet examen, deux fois repris en sous-œuvre et prolongé outre mesure, permit d'arriver au but poursuivi : ma mise en disponibilité et la vente de mes meubles.

Mais ce résultat ne fût pas obtenu sans peine. Mon père fut obligé de faire quatre voyages à Paris, et si je n'eusse pas fourni moi-même le prétexte dont on avait besoin pour différer ma mise en liberté, peut-être ses démarches n'eussent-elles point abouti.

J'avais plus que la conviction, la certitude morale que mon père était l'auteur de mes séquestrations, et je lui avait écrit à plusieurs reprises pour le prier de venir. J'espérais que, de vive voix, je m'entendrais mieux avec lui, et que je le trouverais plus conciliant, moins obstiné surtout dans son projet de mariage. Peut-être, si nous eussions été livrés à nous-mêmes, mon espoir se fut-il réalisé ? Mais la police était sans cesse entre nous, épiant nos moindres paroles, jusqu'à nos gestes, et ne permettant à mon père ni un mouvement de tendresse, ni une marque de sympathie. Elle trouva même moyen de tourner contre moi ces entrevues que je pensais devoir être décisives en ma faveur.

Un jour que par l'administration de substances toxiques, on m'avait jeté dans un de ces états de surexcitation où la volonté n'est pas toujours maîtresse des mouvements physiques des nerfs, mon père vint me voir, il prolongea sa visite outre mesure, et pendant près d'une heure il se montra si provocateur, il me nargua et me blessa de tant de manières qu'à la fin j'eus quelques mouvements de colère et lui dis que je me retirerais s'il ne changeait pas d'attitude. De ces mouvements de colère provoqués avec tant d'insistance, mon père prit texte pour différer une démarche à la Préfecture que lui avait presque imposée le directeur de la maison, M. Barroux. Ma mise en liberté, préparée par les soins de ce dernier, fut encore retardée, et les desseins de la police et de mon père se réalisèrent.

Mon père voulait ma mise en disponibilité afin de me ramener à Saint-Georges. Mais il ne désirait pas m'enlever définitivement ma situation à la Bibliothèque. Il comptait même me la faire rendre après mon mariage avec ma cousine, et il avait sur ce point des promesses formelles de M. Taschereau. Enfin il avait prévu le cas, fort possible, où je pourrais, soit être mis en liberté plus tôt qu'il ne le croyait, soit résister à la pression de la police, et craignant que je ne retombasse alors à sa charge, si l'on m'enlevait tout moyen d'existence, il a soin d'insister toujours pour que mes livres, mes papiers et ma trousse de médecin soient exceptés de la vente. Il montre, pour leur conservation, la sollicitude la plus vive, et sans cesse recommande qu'on n'oublie pas de les mettre de côté. Il finit par venir en personne diriger l'enlèvement de mes meubles, afin de veiller lui-même à ce que ses instructions fussent fidèlement exécutées.

La police l'obligea même à m'en rendre témoin. Elle est coutumière de ces lâchetés quand elle se croit victorieuse. Elle ne se contente pas d'abattre ou de dépouiller sa victime, il faut encore qu'elle la raille et l'insulte. Son triomphe autrement ne lui paraîtrait pas complet.

On m'avait laissé dans l'ignorance de ce qu'on préparait, et je ne croyait pas la vente si proche. Mon père, un jour, me conduisit, accompagné d'un gardien, à mon appartement, afin que j'y prisse divers objets dont j'avais besoin. Tandis que je les mettais de côté, les employés de la salle des ventes, à ma grande surprise, arrivèrent, et procédèrent à l'enlèvement du mobilier. Je dus à la hâte faire le tri des objets que je voulais conserver, et pendant que j'y procédais, mon père, s'attachant à mes pas, ne cessa de me railler et de me provoquer. On espérait déterminer une scène de violence, tout au moins de colère, qui ne se produisit point. Je me contentai de dire à mon père, avec un très-grand calme et sans m'écarter du respect que je lui devais, ce que je pensais d'une pareille façon d'agir.

Comme toujours, il se défendit d'avoir pris la moindre part à ce qui arrivait, et prétendit même en être aussi surpris et choqué que je pouvais l'être.

Mon père, je l'ai dit, parvint à son but. Le 24 Mai 1873, on m'enleva ma place à la Bibliothèque; le 28 Juin on vendit mes meubles.

Alors il change aussitôt de tactique. Autant naguère il s'opposait à ma mise en liberté, autant désormais il montre d'empressement à la réclamer. Il sait que, sorti de Charenton, je serai forcé de revenir à Saint-Georges, car, outre qu'il y détient mon argent, je n'ai plus à Paris ni emploi, ni domicile ; et là se trouve certainement le motif de ce brusque changement dans sa manière d'être.

Il sait d'ailleurs que cette mise en liberté ne sera pas accordée sur le champ. Entre la vente de mes meubles et ma sortie de Charenton, il est nécessaire de mettre un délai de trois mois, afin de ne pas établir entre les deux dates une relation trop visible et trop compromettante. En prolongeant ma détention, en semblant ne m'accorder ma sortie qu'avec une peine extrême, on veut de plus accroître ma crainte d'une incarcération nouvelle qui, me faisait-on dire par différentes personnes, serait, cette fois, définitive.

Une certaine détente eut lieu dans le régime auquel j'étais soumis, au moins extérieurement, car jamais les violences secrètes ne furent plus répétées, ni plus douloureuses. En même temps mon père déployait une activité prodigieuse pour obtenir mon élargissement. Afin d'avoir l'air d'enfoncer péniblement cette porte ouverte, il écrivait au Médecin, au Directeur, à la Préfecture de Police, et m'envoyait chaque fois copie de ses lettres, m'informait avec empressement du résultat de ses moindres démarches.

On voulait me convaincre que j'étais redevable de ma liberté aux sollicitations de mon père. Mais comme on passait la mesure en essayant de me le persuader, on m'en fit douter. Il semble aussi qu'on avait conçu l'espoir assez ridicule que je serais touché de ce feint empressement, et que je me croirais obligé, par reconnaissance, à contracter le mariage auquel on voulait me contraindre.

Comme je ne témoignais, pour ces démarches de mon père, qu'une gratitude tempérée... par le souvenir trop récent de sa conduite passée, on eût recours, afin de m'intimider davantage, à la tentative de pression la plus odieuse et la plus éhontée.

Quelques jours avant ma mise en liberté, M. le Dr Saint-Yves, médecin en chef de la maison de Charenton, ne craignit pas d'écrire à mon père la lettre suivante. Je la cite sans y rien changer ni supprimer :

Ministère
de l'Intérieur.
—
Maison nationale
de Charenton.
—
Cabinet du
Médecin en chef.

Charenton, le 26 Septembre 1873.

Monsieur,

Je n'ai pas oublié un seul jour la réponse que je vous dois. M. votre fils, à qui j'ai accordé plusieurs sorties, m'avait promis un mot du Directeur de la Bibliothèque me prouvant que sa place lui était réservée. Ces jours-ci seulement il m'a remis un arrêté signé du 24 Mai dernier qui prouve qu'il est mis tout simplement *en disponibilité sans traitement. Dans ces conditions, je le vois rentrant chez vous forcément.* Il est incontestablement calme, mais toujours sombre et concentré. Son dossier, que j'ai encore sous les yeux, est *très-sérieux* (ces deux mots soulignés par M. Saint-Yves) *et m'inspire le désir de ne le laisser sortir qu'à titre provisoire, d'épreuve d'un mois ou six semaines, pour vous donner le temps de le voir,* DE L'OBSERVER, DE VOUS CONCERTER AVEC LUI.... *Après quoi, si vous persistez, je proposerai de le mettre définitivement en liberté.*

Croyez bien, Monsieur, à l'expression respectueuse de mon sincère dévouement.

SAINT-YVES.

Je viens de faire un certificat dans le sens exact de ma lettre.

Cette lettre est en désaccord absolu, non seulement avec toute notion d'équité, mais avec les usages adoptés dans les maisons d'aliénés.

Ces mises en liberté provisoires et surtout conditionnelles ne sont jamais ordonnées. Ou l'on garde le prétendu malade, ou bien on le déclare guéri. Jamais surtout on ne remet à la famille le soin de juger un cas que l'on prétend être médical, et dont l'étude, par conséquent, doit exiger des connaissances spéciales.

En commençant par dire dans cette lettre destinée à être mise sous mes yeux, *que mon dossier était* **très-sérieux**, en ajoutant qu'*il ne me laissait sortir qu'à titre provisoire, pour donner le temps à mon père de me voir,* DE M'OBSERVER, DE SE CONCERTER AVEC MOI, et en terminant de la sorte : *après quoi,* **si vous persistez,** *je proposerai de le mettre définitivement en liberté,* M. Saint-Yves avait l'intention évidente, indéniable, d'exercer une pression sur ma volonté. Il voulait par cette menace d'un retour certain à Charenton, si je ne me concertais pas avec mon père, me contraindre à céder à toutes les volontés de ce dernier, et particulièrement à contracter le mariage auquel je me refusais. Il abusait de ses fonctions pour se livrer à un chantage moral des plus caractérisés. Il commettait un acte criminel justiciable des tribunaux. Je le vois, s'il existe encore de la justice en France, s'asseyant sur les bancs de la cour d'assises pour avoir écrit cette lettre, preuve irrécusable de la séquestration arbitraire dont il s'est rendu complice.

Ce sont là cependant les hommes auxquels on livre sans contrôle, la liberté, la fortune, l'existence entière de leurs concitoyens. Voilà les pressions auxquelles on est soumis dans les maisons d'aliénés, et ce ne sont pas les plus odieuses ; on en exerce journellement qui sont bien autrement graves et criminelles.

Je relève pour mémoire que si j'ai dit que j'étais maintenu dans ma place, c'est que M. Taschereau, jusqu'au dernier moment, me l'avait affirmé, et ce n'est pas à mon compte, c'est au sien que l'erreur ou le mensonge doit être porté.

M. Saint-Yves disait vrai, du reste, en prétendant qu'*il venait de faire un certificat dans le sens exact de sa lettre.*

Ce certificat fut envoyé au Directeur de l'établissement, M. Barroux, qui, sans peine, devina le piége qu'on voulait me tendre ; et je lui dois cette justice, loin d'y participer, il le déjoua.

Le 27 Septembre, il écrivit à mon père la lettre suivante, où, sans sortir de la réserve extrême que lui commandaient ses fonctions, il parle à mon père avec une fermeté significative, et par ce qu'il dit de ma situation, laisse voir ce qu'il pense de la conduite du Dr Saint-Yves.

Ministère
de l'Intérieur.
—
Maison nationale
de Charenton.
—
Cabinet
du Directeur.

Charenton, le 27 Septembre 1873.

Monsieur,

J'ai l'honneur de vous informer que M. le Dr Saint-Yves vient de délivrer un certificat constatant que M. votre fils *peut être rendu à sa famille sans danger probable, mais qu'il ne le laisserait sortir que sous toutes réserves, pendant un mois ou six semaines, à titre d'épreuve, avant de signer sa libération définitive.*

En adressant ce certificat à M. le Préfet de police, *je déclare être d'avis qu'il y a lieu d'ordonner la sortie définitive, la mise en liberté pure et simple.* Lundi prochain, j'irai moi-même à la Préfecture pour lever les objections qu'on pourrait faire.

Je suppose que Monsieur votre fils pourra partir Mardi prochain, et ne pas commencer ici le mois d'Octobre, mais il faut pour cela une décision du préfet, et je ne puis personnellement répondre de rien, *sinon des efforts que je vais faire pour obtenir une mise en liberté que je crois opportune et suffisamment motivée.*

Recevez, Monsieur, l'assurance de ma respectueuse considération.

Le Directeur,

BARROUX.

Trois jours après, le 30 Septembre 1873, M. Barroux me faisait appeler dans son cabinet. Il m'y donnait lecture du certificat de M. Saint-Yves, puis de la note dont il l'avait fait suivre, note conforme à sa lettre à mon père. Il m'apprenait en outre qu'on n'accordait point de sorties provisoires et conditionnelles ; que toute mise en liberté était, en ce qui concernait le passé, définitive, et que la Préfecture de Police m'accordait la mienne, mais exigeait que j'allasse en chercher l'ordre dans ses bureaux.

Ces ordres sont toujours envoyés par la police dans les maisons d'aliénés, et je suis peut-être la première personne à laquelle on ait imposé pareille obligation.

Cette exigence avait un but que je devinai sans peine. Le chef de bureau devant lequel je fus conduit me demanda si mon intention était vraiment de me rendre chez mon père, à ma sortie de Charenton. Comme il m'était difficile de m'en dispenser, car il fallait à tout le moins que j'allasse chercher à Saint-Georges mes papiers et mon argent, je fis une réponse affirmative.

— Alors, Monsieur, me dit cette personne, je vais vous faire remettre un ordre de mise en liberté.

Et cette pièce me fut en effet délivrée.

Evidemment on m'avait fait venir à la Préfecture de Police pour appuyer la tentative d'intimidation de M. Saint-Yves.

Le 1er Octobre, au matin, je quittai la maison nationale de Charenton.

La veille, tandis que je me promenais dans le jardin de l'établissement, on m'avait fait chanter par un malheureux plongé dans cet état de surexcitation factice qu'on appelle la Démence :

Il m'en souviendra,
La ri ra !

Il m'en souvient, en effet, et même un peu plus qu'on ne le désirait.

V.

Mon séjour à Charenton.

(Lettres et documents.)

Maintenant je vais donner les pièces relatives à la période de ma séquestration.

I. J'ai dit de quels mensonges indignes on se servait pour persuader à mon cousin, M. Léon D..., que j'avais commis des actes trahissant un dérangement d'esprit.

Entr'autres choses, on avait inventé que j'avais emporté des brochures allemandes de la Bibliothèque.

On essaya même de se servir de ce prétexte pour déterminer mon cousin à faire ouvrir mon appartement de sa propre initiative, et le 16 Janvier 1873, trois jours après mon arrestation, M. Taschereau écrivait à M. Hélie la lettre suivante afin qu'il la remît à M. Léon D..., qui la reçût en effet et de qui je la tiens.

Monsieur A.-Faustin Hélie, juge au Tribunal de la Seine.

Direction de la Bibliothèque Nationale.

Paris, le 16 Janvier 1873.

L'administrateur général, Directeur.

Monsieur,

M. Faligan a emporté chez lui, il y a déjà quelque temps, un certain nombre de brochures allemandes appartenant à nos collections, dont il avait à traduire les titres et qu'il n'a jamais rendues. Ces pièces, au nombre de vingt environ, portent toutes l'estampille de la Bibliothèque et la lettre Z, tracée à l'encre ou au crayon, presque toujours accompagnée d'un numéro du catalogue, qui les rendent faciles à reconnaître. *Je viens m'adresser une nouvelle fois, Monsieur, à votre obligeance, qui nous a été déjà si précieuse dans cette malheureuse affaire, et vous prier de vouloir bien faire rechercher, au domicile de M. Faligan, ces différentes brochures*, dont l'absence causerait un véritable préjudice au service de notre département des Imprimés.

Veuillez agréer, etc.

J. TASCHEREAU.

Au lieu de faire ouvrir mon appartement de sa propre initiative, comme on l'avait espéré, mon cousin transmit la demande à la Commission administrative de Charenton.

M. Leclerc, membre de la Commission, déclina de son côté cette responsabilité, et le 23 Janvier 1873, M. Leroy, receveur de l'établissement, écrivait à mon cousin :

« M. Leclerc pense que, puisque vous ne jugez pas convenable de prendre sur vous d'entrer dans l'appartement de M. Faligan, pour y faire la recherche demandée par M. Taschereau, vous ne devez pas vous étonner que M. Leclerc ne le veuille pas davantage. »

La tentative n'ayant pas réussi, M. Hélie, quelques jours après, écrivait à mon cousin que les brochures étaient retrouvées. Elles avaient dû l'être d'autant plus facilement qu'elles n'avaient jamais été égarées.

Voici la lettre de M. Hélie :

Mercredi soir, 29 Janvier 1873.

Monsieur, je reçois une lettre de M. Taschereau qui m'annonce que les brochures allemandes ont été retrouvées à la Bibliothèque. Je m'empresse de vous informer de cette heureuse nouvelle afin que vous cessiez vos démarches auprès de la Commission de Charenton.

Agréez mes sentiments bien distingués.

F.-A. HÉLIE.

Les honnêtes gens !

II. Lettre de mon père à M. Léon D... A peine de retour à Saint-Georges, il s'occupe de rassembler les pièces nécessaires au maintien de mon arrestation.

Saint-Georges, Lundi 20 Janvier 1873.

Mon cher Léon,

Je suis arrivé ici bien fatigué, et je me suis occupé de la copie du Procès-verbal du Brigadier qui m'a dit ne pouvoir me la délivrer sur ma simple demande, ses instructions ne le lui permettant pas, de sorte que je me trouve obligé par suite d'aller demain Mardi à Angers, pour aplanir cette difficulté...

J'ai retardé l'envoi de la présente pour y joindre la copie du Procès-verbal en question...

III. Lettre où M. Léon D... rend compte des diverses démarches que ce dernier l'avait chargé de faire. Dans cette lettre apparaissent les premières difficultés relatives à la vente de mes meubles et à la saisie de mon traitement à la Bibliothèque.

24 Janvier 1873.

Mon cher oncle, j'ai reçu votre lettre ce matin....

Il (le receveur de l'établissement) était allé le soir de votre départ, ainsi qu'il me l'avait promis, voir le notaire, et m'avait écrit que celui-ci ne voulait pas pénétrer chez Ernest . . . sans faire un inventaire notarié. J'ai profité de ma visite pour lui objecter que cela allait encore faire des frais qui pourraient, suivant moi, être évités. Il m'a dit que c'était aussi son avis et m'a conseillé de voir M. Leclerc. J'y suis allé et je ne l'ai pas trouvé. Je lui ai alors écrit à cet égard...

Ce matin il me répond que, puisque je ne juge pas convenable de pénétrer moi-même chez Ernest, il ne le peut pas à plus forte raison sans être légalement en règle.

. . . .

J'ai vu M. Taschereau. Il m'a promis de conserver sa place à Ernest, qui continuera même provisoirement à avoir son traitement.

Seulement, je ne sais comment on fera pour le toucher, car M. Taschereau m'a dit qu'il ne fallait pas faire intervenir un délégué de Charenton, sans quoi il serait obligé de faire un rapport qui modifierait la situation d'Ernest. Il voudrait qu'Ernest m'autorisât à toucher ; je ne sais trop si cela sera possible . . . .

IV. Trois lettres de mon père en date du 25 Janvier 1873.

La première m'est adressée. J'y prends seulement cette phrase :

« Tu conserves ta place à la Bibliothèque, en as et auras le traitement comme par le passé. Prends donc courage et nous crois remplis de dévouement et d'affection pour toi... »

La seconde lettre est écrite au propriétaire de mon appartement.

M. le Propriétaire,

Très-préoccupé le Jeudi 16 courant, quand j'eus l'honneur de vous parler à Passy, et contraint de rentrer ici dès le lendemain pour affaires pressantes, j'ai oublié de vous écrire comme nous en étions convenus pour vous demander votre acquiescement à fin de cessation de bail pour le 1er Avril prochain, de l'appartement occupé par mon fils au 4e de votre maison sise rue Vineuse, 3, au dit Passy. Ce retard, que je regrette beaucoup, n'a dû cependant occasionner aucun désagrément, le concierge ayant les clefs des appartements pour les faire visiter au besoin, ainsi que je vous en ai prévenu.

La troisième lettre est adressée à M. Léon D...

Mon cher Léon,

Je m'empresse de répondre à la lettre que j'ai reçue de vous ce matin . . . .

Pour ce qui est du congé, il n'y a pas à s'en préoccuper, *c'est une affaire convenue entre le propriétaire et moi . . . .*

Quant à l'inventaire, je désire qu'il soit évité par tous les moyens possibles, ou que du moins on attende pour le faire à la dernière quinzaine de Mars. A cette époque, on pourra peut-être se trouver mieux fixé qu'aujourd'hui sur ce qu'il convient de faire (vendre ou conserver les meubles). Je ne comprends pas qu'alors que le père d'un aliéné existe, il soit nécessaire de lui nommer un curateur provisoire autre que lui. Je me prêterai du reste à tout ce qu'il sera besoin de faire.

Ainsi le 16 Janvier, c'est-à-dire trois jours après mon arrestation, mon père donnait congé de mon appartement. C'était aller vite en besogne et préjuger singulièrement la question.

Il fallait, pour agir de la sorte, qu'il fût assuré déjà d'obtenir, par l'intermédiaire de la police, toutes les complicités nécessaires à la réussite de ses desseins.

V. Lettre de M. Léon D... en date du 27 Janvier 1873.

Mon cher oncle, j'ai reçu votre lettre, et j'adresse aujourd'hui le congé à M. Hélie, auquel j'écris pour dire le résultat de la visite que j'ai faite hier à Charenton.

M. Rousselin m'a dit et je vous répète ses propres expressions : M. Faligan, depuis dix jours qu'il est ici, n'a pas prononcé une seule parole de démence, et cependant, d'après les pièces que j'ai vues, je le crois, en mon âme et conscience, très-dangereux. Je ne veux assumer sur moi seul ni la responsabilité de le garder, ni celle de le mettre en liberté. Je vais donc, dans mon rapport de quinzaine, demander que le Procureur de la République soit prié de m'adjoindre trois médecins pour l'examiner avec moi. Je lui ai conseillé plusieurs fois à lui-même d'écrire au Parquet, mais il me répond : non, je veux que vous me jugiez puisque je suis ici.

J'ai remis au Docteur le procès-verbal de la Gendarmerie. Au dossier, qui est à Charenton, il n'existe aucune pièce constatant les faits qui se sont passés à la Bibliothèque. *Les lettres de M. Taschereau sont, comme vous le savez, à la Préfecture de Police,* et les médecins-visiteurs ne pourront par conséquent les voir. Vous jugerez s'il ne serait pas utile qu'ils aient connaissance de ces faits, et je crois que dans l'affirmative vous feriez bien d'écrire de suite à M. Taschereau pour le prier d'adresser au Dr Rousselin une lettre constatant les faits qui ont eu lieu. Je crois à tous égards qu'il vaut mieux que la demande vienne de vous . : . .

Il est inutile d'insister sur les hésitations de M. Rousselin. Elles sont assez visibles, et sa situation était, dans le fait, fort embarrassante. S'il me garde, il commet un crime prévu par la loi. Il craint, s'il me met en liberté, qu'une provocation trop éhontée de la police m'entraîne à commettre un de ces actes de représailles légitimes qu'on qualifie de violences, et dont on le rendrait responsable.

Pour sortir d'embarras, il a un moyen très-simple, il est vrai, c'est de dénoncer les pratiques criminelles de la police. Mais il n'est médecin aliéniste qu'à la condition de les ignorer, et ses perplexités sont le juste châtiment de sa complicité coupable.

Un autre fait à noter est l'excessive prudence de M. Taschereau. Il parle tant qu'on veut, mais n'écrit point. Sauf une lettre qu'il s'est contenté de signer, il n'existe pas dans les papiers de mon père une seule ligne provenant de lui.

Est-il même bien sûr qu'il ait envoyé à la Préfecture de police les lettres mentionnées dans celle de mon cousin ?

Enfin je ne m'adressais pas au Parquet par la raison toute simple que le lendemain de mon arrivée, on m'avait conduit devant M. Faure, médecin de la Préfecture, qu'*on m'avait dit être le Procureur de la République*, et avec lequel j'avais assez longuement causé. Je croyais inutile, puisque je m'étais entretenu avec le Procureur de la République, de lui adresser des lettres, et je n'ai pas prononcé les paroles que me prête M. Rousselin.

Tant de démarches faites, soit directement, soit par des intermédiaires, n'empêchaient pas mon père de m'écrire, le 2 Février 1873 :

> « Etranger, pour ainsi dire, à ce qui s'est passé à ton égard depuis ta sortie de Sainte-Gemmes et ton départ pour Paris, j'ai néanmoins cru devoir, dans ton intérêt, intervenir quand il s'est agi de pénétrer dans ton appartement . . . »

Et il m'apprend ce qu'il m'avait caché dans sa lettre du 25 Janvier, bien que ce fût déjà chose faite, qu'on a ouvert mon appartement et saisi mon argent.

Dans une autre lettre, en date du 13 Février, il m'écrit encore :

« Ça été à mon insu que tu as été arrêté et conduit où tu te trouves. »

Le 3 Février 1873, mon père écrit à M. Rousselin :

« J'ai reçu hier une lettre de mon fils manifestant le désir d'être réintégré dans la 1re classe des pensionnaires de l'établissement. J'y adhère d'autant plus volontiers que je ne me reconnais aucun droit de m'y opposer, *ses épargnes en soldant présentement les dépenses.* Je crois néanmoins devoir vous prévenir pour l'avenir, et au cas où il ne guérirait pas vite de sa maladie, que ses ressources et les nôtres sont très-bornées et ne lui permettraient, ni à nous, de satisfaire à des dépenses aussi élevées. Il ne possède qu'environ 1,800 francs de capital. Si cependant sa maladie prenait des proportions inquiétantes de continuité, notre bien petite fortune consistant uniquement en capitaux placés, nous serions tout disposés à abandonner la nue-propriété de majeure partie, et à prendre des arrangements raisonnables à cet égard. »

Ainsi, pour que je ne sorte pas trop tôt de Charenton, mon père est prêt à tous les sacrifices, même à aliéner la nue-propriété de sa fortune.

Il sait qu'on tolère mon séjour à Charenton, parce qu'il ne coûte rien à l'Etat, mais que si l'on me transportait à l'asile gratuit de Sainte-Anne, le ministère de l'intérieur ne souffrirait pas sans doute que j'y sois séquestré et entretenu à ses frais.

VI. Lettre de M. Rousselin à mon père.

Ministère
de l'Intérieur.
—
Maison nationale
de Charenton.
—
Cabinet du
Médecin en Chef.

Charenton, le 25 Février 1873.

Monsieur,

Monsieur Faligan qui se tient ici très-isolé, très-taciturne, réclame vivement sa sortie, mais bien qu'il ne délire pas d'une manière apparente pour tout le monde, il n'en reste pas moins persuadé qu'un complot a été organisé par sa famille et ses amis pour le dégoûter du séjour de Paris, et lui faire commettre des fautes qui retomberaient sur lui. Il croit que les habitants de son quartier étaient dans le secret et participaient à cette sorte de comédie organisée contre lui.

Je ne pense pas qu'il soit possible de songer à le mettre en liberté sans s'exposer à de nouveaux désordres de sa part et à des dangers pour la sécurité publique. Cependant comme il insiste pour être remis en liberté, j'ai dû lui dire de s'adresser à l'autorité judiciaire qui sans doute me mettra en mesure de me prononcer, ou qui désignera une commission de médecins pour l'examiner.

Quant à la décision à prendre par vous au sujet de ses intérêts et de la vente de ses meubles, je pense qu'il serait prudent d'attendre et de prendre l'avis de l'administration des biens des malades non interdits placés à Charenton.

Veuillez agréer, Monsieur, l'hommage de mes sentiments respectueux.

Le Médecin en Chef,
ROUSSELIN.

Il me semble qu'en croyant à un complot organisé par ma famille et certains individus se disant mes amis, je n'étais pas déjà si déraisonnable. Si la liberté individuelle pouvait jamais dépendre de l'exactitude des opinions qu'on se forme des choses, en bonne justice ce n'était pas moi qu'on eût du séquestrer, mais M. le médecin en chef de l'Etablissement. En tous cas, je déclare à M. Rousselin que je crois aujourd'hui à ce complot bien plus encore que par le passé, car j'en possède les preuves matérielles, et je trouve qu'il a bien singulièrement agi en me retenant sur de si minces prétextes.

Je voudrais bien savoir aussi sur quels faits il se fondait pour dire qu'il ne pense pas qu'il soit possible de songer à me mettre en liberté sans s'exposer à de nouveaux désordres de ma part et à des dangers pour la sécurité publique.

Savait-il donc que je serais soumis à de telles provocations, une fois sorti, que j'aurais forcément à user du droit de légitime défense ?

Enveloppe d'une lettre de M. Rousselin en date du 8 Février 1873.

La lettre, égarée (?) ou enlevée, manque.

VII. Lettre de mon père à M. Léon D... en date du 15 Février 1873.

Mon cher Léon... Je pense que M. Rousselin a fait ou va faire son rapport de quinzaine, et que nous ne tarderons pas à savoir quelle résolution sera prise à l'égard d'Ernest. J'en attends avec impatience le résultat, car nous ne pouvons être fixés qu'alors sur ce qu'il conviendra de faire... J'ai déposé au dossier de Charenton la lettre de M. Hélie qui m'engageait à aller chercher Ernest par suite des motifs précisés par M. Taschereau. Je pense qu'elle en dit autant que les pièces déposées à la Préfecture de Police pour fixer MM. les Médecins-Visiteurs. Sitôt leur avis donné, on écrira à M. Taschereau.

Lettre de M. Léon D..., sans date, mais qui doit certainement avoir été écrite vers cette époque :

Mon cher oncle, j'ai attendu pour vous écrire afin de vous donner des nouvelles d'Ernest.

Je suis allé Jeudi à Charenton ; il est toujours très-calme. Je n'ai du reste pas de grands détails, car ce n'est pas au Dr Rousselin que j'ai parlé, c'est à un autre médecin.

Le Dr Rousselin que j'avais vu, il y a quinze jours, avait à cette époque, renoncé à son idée de consultation ; le médecin que j'ai vu Jeudi est aussi lui d'avis de garder Ernest. Le Dr Rousselin m'avait dit qu'Ernest s'observait d'une façon étonnante, ne répondant que par oui et par non, pour ne pas se compromettre, que cependant il laissait échapper des mots qui prouvaient sa manie de défiance, qu'il croyait par exemple que ce qui se passait dans la maison était fait pour le contrarier. Ernest croit que son séjour à Charenton est ordonné par vous, en punition de ce qu'il a fait à Saint-Georges, et que la durée en est fixée irrévocablement. M. Rousselin a terminé en me disant : ce sera un malade qui nous donnera bien de la tablature....

En prétendant que je donnerais bien de la tablature à la police et aux médecins aliénistes, M. Rousselin ne croyait pas sans doute dire si vrai. C'est du reste la seule chose exacte qui se trouve dans ses renseignements.

Lettre de mon père à M. Rousselin en date du 21 Février 1873 :

... Mon fils me demande notamment de faire de suite un voyage de Paris pour causer ensemble de ses affaires, prétendant que nous n'arriverons point à nous entendre par lettre. Je ne comprends point ce qu'il veut dire, et lui ai répondu hier que l'état de ma santé ne me permet pas de le satisfaire...

Dans une lettre du 27 Janvier, mon neveu D...., votre correspondant et le mien à Paris, me dit tenir de vous : que depuis 10 jours qu'Ernest était dans l'établissement, il n'avait pas prononcé une seule parole de démence ; que cependant d'après les pièces de son dossier, vous le croyez, en votre âme et conscience, très-dangereux, et que ne voulant assumer sur vous seul ni la responsabilité de le garder, ni celle de le mettre en liberté, vous alliez dans votre rapport de quinzaine demander que M. le Procureur de la République soit prié de vous adjoindre trois médecins pour l'examiner, et qu'il s'est refusé plusieurs fois d'écrire lui-même au parquet, comme vous lui en donniez le conseil.

Avez-vous eu, Monsieur, dans votre rapport de quinzaine, l'obligeance de former la demande d'adjonction de trois médecins-visiteurs.

Pensez-vous que la décision pour l'admission dans l'établissement ou la mise en liberté puisse avoir lieu vers le 20 du mois prochain, pour qu'on ait le temps d'avoir à vendre ou à loger le mobilier, le congé de l'appartement où il se trouve présentement étant donné pour la fin de Mars prochain.

Pour vous éviter l'embarras d'une réponse, M. D... passera à l'établissement vous la demander verbale.

Mon père a biffé cette dernière phrase. Il a compris sans doute que, malgré sa signification équivoque, elle pouvait être compromettante. Mais elle existe sur le brouillon de sa lettre.

VIII. Mon père, sur ma demande, et aussi pour activer la vente de mon mobilier, vient me voir en Mars 1873.

Au moment où il va partir, M. Léon D... lui écrit la lettre suivante, qui dut sans doute presser son départ.

Mon cher oncle, d'après votre lettre, je vous attendais cette semaine. Ne sachant si vous avez renoncé à venir de suite, je viens vous informer qu'hier soir Vendredi, j'ai reçu une lettre du Procureur de la République m'invitant à passer à son cabinet (Mardi, Mercredi et Jeudi de 2 h. à 4) pour lui donner des renseignements sur une demande de mise en liberté formée par Ernest.

Je compte me rendre à cette invitation Mardi prochain ; je dirai ce que je sais sur les motifs de la séquestration, mais vu le calme, factice ou non, dont Ernest a joui depuis qu'il est à Charenton, je compte appuyer sa demande, c'est-à-dire ne pas détourner de l'enquête judiciaire sur son état. Si vous en jugiez autrement, veuillez m'en informer de suite...

—

Lettre de mon père à ma mère.

Paris, 17 Mars 1873.

Ma chère Louise,

Je n'ai pu t'écrire hier soir, n'étant rentré de Charenton qu'après l'heure de la levée des boîtes. Je n'avais d'ailleurs que peu de choses à te dire. Je me suis fait conduire Dimanche matin à mon hôtel habituel, suis allé déjeûner ensuite et me suis rendu à Charenton, où je n'ai rencontré ni M. Rousselin, ni le médecin en chef, mais un remplaçant qui a été très-obligeant et m'a renseigné parfaitement sur tout ce qui concerne Ernest. Désirant ne voir Ernest qu'accompagné de M. Rousselin ou du médecin en chef, j'ai dû remettre notre entrevue à hier Lundi, suis rentré à Paris et parti pour Passy. Je n'y ai pas été plus heureux, M. Hélie et le propriétaire des appartements d'Ernest étant absents. Première journée nulle de tous points.

Hier Lundi, je suis retourné à Passy, mais n'y ai pu voir que *M Hélie, avec lequel je me suis entretenu sur ce qu'il convenait de faire pour activer la solution de la demande d'Ernest à fin de son élargissement.* Rentré à Paris, j'y ai déjeûné et suis immédiatement retourné à Charenton, où comme la veille n'ayant rencontré ni M. Rousselin, ni le médecin en chef, je me suis fait délivrer un permis de voir Ernest avec lequel j'ai eu un assez pacifique entretien. *Je l'ai trouvé physiquement bien amaigri,* et moralement toujours le même, persuadé que sa détention n'est qu'un moyen de correction qui doit cesser à jour fixe, et entièrement subordonné à ma volonté. Il a été question de son retour à Saint-Georges, et après que je lui ai eu expliqué les raisons qui ne le rendaient pas possible, nous avons remis les explications à l'entretien d'aujourd'hui, car après être allé avec Léon au parquet à deux heures, je me rendrai immédiatement à Charenton. J'arrive de Passy où j'ai trouvé le propriétaire d'Ernest dans les meilleures dispositions....

Je me contente, dans cette lettre, de relever ce passage : *M. Hélie, avec lequel je me suis entendu sur ce qu'il convenait de faire pour activer la solution de la demande d'Ernest à fin de son élargissement.*

Cette solution, qu'on active afin de se délivrer d'une crainte gênante, devait être négative.

Par quels moyens M. Hélie l'a-t-il fait activer et échouer ?

Il devrait bien le dire, mais il s'en gardera sans aucun doute, car il avait trop intérêt à ce qu'elle n'aboutit pas pour ne l'avoir pas combattue de tous ses efforts.

—

Autre lettre de mon père à ma mère.

Paris, Mercredi 19 Mars 1873.

Ma chère Louise,

Depuis ma lettre d'hier matin, je suis allé au cabinet du Procureur de la République activer le plus possible la réponse à la demande d'Ernest de mise en liberté. On n'y est pas dans l'intention de le relaxer, *ce qui va le mettre hors de lui*. M'étant ensuite rendu à Charenton, j'y ai vu d'abord M. Rousselin, qui n'est point d'avis de mettre Ernest en liberté et le croit fort dangereusement atteint. Il ne se trompe pas, car quelques instants après *Ernest m'a fait dans la grande salle du parloir où nous étions seuls pour le moment, une scène de violence* qu'un rien pouvait rendre des plus sérieuses. Heureusement que je suis parvenu à l'apaiser. Aujourd'hui, c'est-à-dire ce matin, car je t'écris avant le dîner, ensuite duquel je dois partir pour Passy voir M. Hélie, il a été assez tranquille...

Il n'y a pas plus d'une demi-heure que je sors de la Bibliothèque où M. Taschereau m'a annoncé que la place d'Ernest lui serait conservée aussi longtemps que possible...

A plus tard des détails plus précis et plus détaillés...

A demain, s'il m'est possible. *Je crois avoir oublié dans ma dernière de te dire d'embrasser Louise pour moi....*

On a, dans cette lettre, de la main même de mon père, l'aveu des moyens dont on se servait pour me provoquer et m'irriter.

Au cabinet du Procureur de la République, dit-il, on n'est pas dans l'intention de relaxer Ernest, *ce qui va le mettre hors de lui*.

Puis il vient me trouver, me communique cette nouvelle, m'irrite de toutes manières, et parce qu'il a réussi à provoquer chez moi quelques mouvements d'indignation bien naturels, il me semble, et plus que motivés, il écrit que j'ai des accès de violence.

Voilà, pris sur le vif, un des manéges les plus habituels de la police et de ses complices.

IX. A cette date se placent de nombreuses lettres relatives à la vente de mon mobilier.

J'en extrais seulement les passages les plus essentiels.

Avril 1873, à M. Leclerc, administrateur, ou à M. Leroy, caissier :

.... Mon fils a présenté requête à M. le Président du Tribunal civil de la Seine, à fin d'obtention de sa mise en liberté. Cette requête, présentée il y a environ trois semaines, n'a point encore été répondue. Bien qu'il soit peu probable que sa mise en liberté soit ordonnée, mais que cependant elle pourrait l'être, il est de bonne prévoyance de lui conserver les moyens de reprendre, s'il arrivait à guérir complétement, soit son état de médecin, soit celui d'homme de lettres, qu'il exerçait antérieurement à son entrée à Charenton...

Mon père réclamait la vente avec tant d'insistance, il devint si pressant, que M. Leclerc dût lui écrire qu'il ne verrait pas de mauvais œil son immixtion dans mes affaires, mais que cela pourrait le compromettre.

Mon père cependant accourt à Paris. Outre qu'il vient presser cette vente, il veut faire échouer ma requête au Président du Tribunal civil comme il a fait échouer déjà ma demande au Procureur de la République, en venant me voir et en obtenant de moi, par l'injure et les pires provocations, quelques paroles vives et indignées qu'il pourra présenter comme un accès de colère.

J'ai la preuve de ce fait écrite de sa main :

Il le constate lui-même dans une lettre à M. Barroux, directeur de la maison, en date du 20 Avril 1873.

M. le Directeur de la Maison de Charenton,

J'ai la douleur de vous annoncer que dans l'entrevue que j'ai eue avec mon fils, à la sortie de l'audience que vous aviez eu la bonté de m'accorder Jeudi dernier 17 courant, il s'est livré, sans motif aucun, à un emportement dont la violence prouve qu'il n'est point dans l'état d'âme que nous supposions l'un et l'autre.

Cette circonstance fâcheuse, *et en même temps heureuse*, ne me permettant pas de former à la Préfecture de Police la demande de sa mise en liberté, je suis rentré ici ayant atteint le principal but de mon voyage, à savoir d'empêcher la vente de sa bibliothèque et de ses instruments nécessaires à l'exercice de sa profession de docteur en Médecine...

Sous le ton affecté de la douleur, la joie et le triomphe percent visiblement. C'était en effet un véritable triomphe que mon père venait de remporter sur M. Barroux, car ce dernier l'avait vivement engagé à solliciter ma mise en liberté, ce qu'il n'avait pu refuser. M. Barroux lui avait même donné sur sa carte que je possède, et comme introduction, l'adresse de la personne à laquelle il devait s'adresser à la Préfecture de police. J'ai dit, et la lettre le prouve, à quelle ruse mon père eût recours pour se dérober à cette démarche.

On a aussi sans doute remarqué cette phrase à double entente, mais d'une signification si claire :

Cette circonstance fâcheuse, et en même temps heureuse, ne me permettant pas de former à la Préfecture de police la demande de sa mise en liberté, je suis rentré ici ayant atteint le principal but de mon voyage..... à savoir d'empêcher la vente de sa bibliothèque, etc.

Dans deux lettres à ma mère, mon père rend compte de son voyage en ces termes :

Paris, 13 Avril 1873.

Chère Louise,

Je t'écris de chez Léon pour te dire seulement ce que j'ai fait ici hier. Arrivé à 5 $^{1}/_{2}$ h., j'ai pris une voiture pour me conduire à mon hôtel où je me suis mis au lit après six heures. Ayant négligé de dire de m'éveiller à neuf, j'ai probablement ronflé jusqu'à onze heures. Je me suis immédiatement rendu à Passy, où j'ai appris qu'on ne s'était point encore occupé de la vente des mobiliers d'Ernest...

J'ai vu hier Ernest peu d'instants, mais je vais le voir plus longuement aujourd'hui. Je l'ai trouvé très-impatient d'en finir, mais parfaitement bien portant, et d'une grande tranquillité d'esprit, à tel point que j'en étais à me demander s'il était bien ce que nous l'avons vu à Saint-Georges... Je vous embrasse Louise et toi du meilleur cœur.

—

Paris, Mercredi 16 Avril 1873.

Ma chère Louise,

Il est de toute probabilité que je partirai d'ici demain soir, mais que je n'arriverai à Saint-Georges que Vendredi, je ne sais par quel train. Je me réserve de t'expliquer, ce qui serait trop long, toutes les péripéties de mon voyage. Dieu merci, cela touche à sa fin, car je suis exténué et mourrais à la peine si cela se prolongeait. Je ne dois qu'à la bonne nourriture dont je me donne le luxe d'y pouvoir résister.

Embrasse Louise pour moi et au revoir pour elle et pour toi.

Ainsi mon père escompte d'avance le succès de la scène qu'il prépare de concert avec la police. Il annonce que, selon toute probabilité, il pourra partir le soir même, après qu'elle aura réussi, et c'est en effet ce qui eût lieu.

On a dû remarquer aussi le laconisme de ces lettres. On dirait que mon père se défie de lui-même et craint que, dans sa joie, des indiscrétions ou des termes peu mesurés lui échappent. Il aime mieux causer qu'écrire.

—

Le 22 Avril 1873, mon père, à peine de retour à Saint-Georges, écrit à M. Hélie la lettre suivante, dont, je ne sais pourquoi, un grand nombre de mots sont soulignés.

Monsieur Hélie,

Je vous prie de vouloir bien m'excuser de ne vous avoir pas écrit avant mon départ de Paris, mais j'ai dû en partir précipitamment et sérieusement indisposé. Mon pauvre Ernest est retombé dans ses idées noires et ses préventions contre nous. Cette déception m'a été d'autant plus pénible que M. le Directeur de l'Etablissement le croyait ainsi que moi en bonne voie de guérison et pensait que, sous très-peu de temps, je pourrais demander sa mise en liberté et l'amener ici achever sa guérison. Il n'y a malheureusement pas à y compter de longtemps. **Le lendemain du jour où j'ai eu l'avantage de vous aller voir,** mon fils a été repris d'un accès de monomanie très-prononcée. Sans motif aucun, il s'est mis à déblatérer contre tous avec violence et menace. Il prétendait que je pouvais l'emmener immédiatement...

—

Les conciliabules de mon père avec M. Hélie me sont singulièrement funestes.

Au précédent voyage, ils se concertent pour activer la solution de ma demande de mise en liberté et la font échouer.

A celui-ci, c'est le lendemain d'une entrevue semblable que la police, en me surexcitant par des substances toxiques et en me faisant provoquer par mon père, m'arrache quelques paroles irritées qu'on présente comme un accès de violence.

On a dû remarquer aussi combien dans cette lettre à M. Hélie le récit des faits est différent de celui de la lettre à M. Barroux, et surtout aggravé.

Mon père veut de toute évidence lui fournir des armes pour l'avenir et n'épargne rien pour les rendre efficaces.

Il m'affirme d'ailleurs, contre toute vérité, dans une lettre en date du 29 Avril 1873, qu'il a fait la démarche promise à la Préfecture.

Mon cher Ernest,

Le Jeudi 17 courant, lendemain de ma dernière entrevue avec toi, je me suis rendu, comme je te l'avais promis, à la Préfecture de Police, pour y demander ta mise en liberté. On m'y a répondu que la demande que tu as formée toi-même au Président du Tribunal civil de la Seine n'ayant pas été accueillie, à raison de l'opinion émise dans le rapport des médecins, ma demande ne pourrait être admise pour le moment, et qu'il fallait attendre un certain délai pour avoir chance d'une réponse favorable.

Peu désireux de te porter cette fâcheuse nouvelle, exténué de mes courses des six précédents jours, *ayant atteint le but de mon voyage,* à savoir d'empêcher la vente de tes mobiliers et de m'entendre avec ton propriétaire, je suis parti dès le Jeudi soir...

Je ne doute nullement de tes sentiments ; quatre voyages successifs de Paris, à mon âge, doivent t'en convaincre plus que tout ce que je pourrais te dire, et il faudrait que tu m'en donnasses bien des motifs pour que je fusse irrité contre toi.

Ma requête au Président du Tribunal civil ne fût pas sans doute admise, car je n'en entendis plus parler depuis lors. Les magistrats avaient prononcé sans me voir, sans m'entendre, en se fiant à de simples rapports dont rien n'affirmait la véracité. Ils ont agi de bonne foi, me dira-t-on. C'est possible. Mais des gens qui voudraient se laisser tromper n'agiraient pas autrement, et c'est là, malgré tout, une chose fâcheuse pour eux.

X. Mon père a fait échouer mes demandes de mise en liberté. Je suis mis à la Bibliothèque en disponibilité sans traitement. L'arrêté que je possède est daté du 24 Mai 1873. Mes meubles vont être vendus.

Mon père alors s'inquiète de savoir s'il ne me reste pas quelque part des ressources qu'il ignore. Il écrit à M. Barroux, parlant de moi, le 12 Juin 1873 :

« Je l'ai plusieurs fois questionné sur l'état de ses affaires, il a toujours éludé d'y répondre. *Il serait utile cependant de savoir là où il peut lui être dû et où il peut devoir.* Je crois qu'il serait plus confiant avec vous ou avec M. le Médecin qui le visite qu'avec moi. »

J'étais en effet bien coupable de montrer si peu de confiance, impardonnable surtout de ne pas dire s'il m'était dû quelque argent, car on se fût empressé de mettre la main dessus.

Le 18 Juin 1873, M. Ernest Bertrand consent à la vente.

Ministère
de l'Intérieur.
—
Commission
consultative.
—
Administration
provisoire.

Paris, le 18 Juin 1873.

Monsieur,

Je suis tout disposé à faire vendre le mobilier et à réserver la bibliothèque et les instruments. M. le Directeur de la maison nationale consentirait à recevoir et à conserver les livres à Charenton.

Avant de faire faire la vente, j'aurais à m'entendre avec vous et surtout à faire vérifier en votre présence s'il ne manque aucun des objets mentionnés dans votre inventaire. Je vous serais donc obligé de venir à Paris le plutôt *(sic)* possible. Vous me trouverez chez moi tous les jours de 8 h. à 10 du matin.

Votre voyage est d'autant plus nécessaire que votre fils que j'ai vu hier désire vous voir pour s'entendre avec vous. Au lieu de vendre, il voudrait qu'on louât une chambre où tout pourrait être placé, ou si l'on vend, il aimerait mieux que ses livres fussent chez vous qu'à Charenton...

Pour vendre, il me faut une autorisation du président, ce qui exige encore un certain délai. Hâtez-vous donc.

L'administrateur provisoire,

Ernest BERTRAND,

conseiller, 80, rue de Rennes.

Alors on se croit sûr du triomphe ; on ne garde plus de ménagements.

A une lettre où je le pressais d'activer ma mise en liberté, mon père, le 6 Juin, avait fait déjà cette réponse dérisoire :

« Mon cher Ernest, c'est à tort que tu persistes à croire que ta mise en liberté dépend de moi. Pour qu'elle puisse être admise, il convient qu'elle soit favorablement appuyée de l'avis de MM. les médecins de l'Etablissement. Afin de te bien convaincre de ton erreur, je déclare par la présente donner mon formel et entier consentement à ta sortie de l'établissement de Charenton. Fais-en usage à ta guise... »

M. Hélie, à qui l'on m'avait suggéré de m'adresser parce qu'il était en situation, me disait-on, d'appuyer puissamment ma demande, M. Hélie ne craint pas d'écrire ainsi l'adresse de sa réponse :

Monsieur Faligan,
*à l'***Institution** *nationale de Charenton,*

Afin de bien me faire comprendre sans doute que Charenton n'est pas une maison de santé, mais une maison de force et de correction, où l'on forme les caractères rebelles.

Et ce n'est qu'au dessous de cette ligne et du mot **Institution** qu'il ajoute : *des aliénés*, dans la crainte sans doute que le facteur ne comprenne pas la première ligne.

La lettre, du reste, n'est pas moins dérisoire et moqueuse que celle de mon père.

Enfin dans la requête ayant pour but d'obtenir la vente de mon mobilier, requête où je suis qualifié dérisoirement d'aliéné, pour unique motif on allègue : *qu'on ne prévoit pas que ma guérison soit prochaine, et que je n'ai pas les ressources suffisantes pour louer même une chambre où mon mobilier puisse être déposé.*

Or ce sont là deux assertions matériellement fausses.

A la même époque, les médecins de l'établissement, chaque jour, m'annonçaient ma mise en liberté prochaine, qui me fût accordée trois mois après, et je possède, écrit de la main de mon père, et signé de lui, un règlement de compte en date du 12 Octobre 1873, qui établit qu'à ma sortie de Charenton il me redevait 1440 francs. J'avais de plus à toucher trois mois de traitement à la Bibliothèque, c'est-à-dire près de 500 francs.

Pour couronner le tout, on me fit assister, je l'ai dit, à l'enlèvement de mon mobilier.

XI. Je n'aurais plus à reproduire maintenant que les lettres de mon père relatives à ses prétendus efforts pour obtenir ma mise en liberté. Comme elles n'apprendraient rien de nouveau, je les omets. Mon père se borne à m'y donner copie des lettres qu'il écrit à la Préfecture, à M. Saint-Yves et à M. Barroux, et des réponses qu'il en reçoit.

Enfin j'ai cité dans le texte même de mon récit les deux lettres, si importantes, de M. Saint-Yves et de M. Barroux relatives à ma mise en liberté.

VI.

Mon séjour à la maison paternelle.

Il y a, dans cet exposé qui m'oblige à dévoiler tant de mensonges, de bassesses et de trahisons, une partie pénible entre toutes. C'est celle où je suis contraint, sinon d'être l'accusateur de mon père, du moins de produire des faits qui font peser sur lui de graves responsabilités. J'ai trop vivement ressenti ce qu'une pareille tâche a de douloureux pour ne pas comprendre qu'elle doive parfois impressionner d'une manière fâcheuse. De toutes les raisons qu'on a fait valoir auprès de moi pour me dissuader d'entreprendre et surtout de publier un pareil travail, cette considération est la seule qui ait fait quelque impression sur mon esprit. Elle y réveillait, non pas des scrupules, mais des tristesses qui m'avaient bien souvent poursuivi. Je ne pouvais cependant hésiter, et j'espère que vous le comprendrez, Messieurs, entre ces sentiments de piété filiale et le devoir bien autrement impérieux que m'imposait ma conscience de révéler, avec les crimes dont j'avais souffert, tous ceux dont j'avais été témoin.

Si je ne pouvais hésiter, encore moins pouvais-je, une fois entré dans cette voie, m'y arrêter. Il fallait ne rien dire ou tout dire. J'ai devant moi des ennemis qu'aucune délicatesse ne touche, qu'aucun frein n'arrête, et de ma réserve, de mes réticences, ils se seraient fait des armes pour me combattre.

J'ai d'ailleurs à faire valoir en faveur de mon père bien des circonstances atténuantes, bien des justifications même et c'est un des motifs qui m'ont encouragé à ne rien taire de la vérité. Après avoir dit le mal, je pourrais, je le savais, en donner l'explication, et derrière mon père, montrer les vrais coupables, ceux-là qu'aucune excuse ne couvre et dont aucun châtiment humain ne saurait égaler les crimes.

Lorsque mon père et ma mère, qui semblent avoir désiré ce mariage avec une véritable passion, ont accepté le concours que la police, en pareille circonstance, souvent fait indirectement offrir, ils étaient certes fort éloignés de pressentir à quelles violences, à quels actes odieux et criminels ils seraient entraînés. J'ai la certitude morale que, s'ils l'avaient pu pressentir, jamais ils ne se seraient engagés dans cette voie. Ils ignoraient, ou du moins ils ne savaient pas assez à quel esclavage on se condamne lorsqu'on se place sous la dépendance de pareils hommes, et que l'on en accepte un concours qui bientôt se change en une véritable tyrannie. Ils ont, j'en suis sûr, hésité plus d'une fois. Plus d'une fois même ils ont été effrayés pour moi plus encore que pour eux, des victoires qu'ils remportaient dans ces luttes odieuses; ils se demandaient avec une véritable inquiétude quelles en seraient plus tard, pour moi, les conséquences, et s'ils avaient pu s'arrêter alors, ils l'auraient fait.

Une fois le combat terminé, ces triomphes quelquefois les attristaient plus qu'ils ne les réjouissaient. Ils sentaient que, même s'ils parvenaient à briser ma résistance, après de pareilles contraintes, toute relation entre nous deviendrait pénible à l'avenir, presque impossible. Depuis longtemps d'ailleurs, ils avaient perdu l'espoir de me soumettre, et volontiers, par des procédés plus doux, ils eussent préparé un rapprochement que mon affection pour eux rendait facile, ils le savaient bien.

Ce ne sont pas là de simples suppositions. J'ai vu mon père et ma mère, tandis qu'ils obéissaient aux ordres impitoyables qu'on leur donnait, attendre avec une véritable anxiété le résultat de ces provocations qui les révoltaient eux-mêmes, essayer même quelquefois par un mot à double entente de m'avertir du piége, et, si je n'y tombais pas, témoigner une véritable joie. Ces lettres que j'ai reproduites et qui sont écrites de la main de mon père, signées de son nom, ne sont pas de lui cependant, je l'affirme sans crainte de me tromper. Je n'y retrouve ni ses idées, ni ses sentiments, ni son style. Il écrivait; d'autres, derrière lui, dictaient, et c'est à leur compte, ce n'est pas au sien qu'il faut porter ces mensonges, ces phrases tortueuses de sens comme de forme que je transcrivais tout à l'heure en rougissant. Mon père était bon et généreux. Toutes les personnes qui l'ont connu lui rendent cette justice, et il a dû cruellement souffrir de s'abaisser jusqu'au niveau de ces hommes qui, après avoir été ses conseillers, étaient, par la force des choses, devenus ses maîtres.

Je suis même persuadé que s'il eût eu la parfaite possession de sa raison, et qu'il eût conservé toujours le sens exact et précis des choses, il se fût arrêté devant de pareilles extrémités. Plutôt que d'y recourir, il eût préféré, j'en suis sûr, renoncer à ses projets, et me laisser une liberté dont il savait que je ne ferais point mauvais usage. Mais il était, ainsi que ma mère, tenu dans un état de surexcitation constante, et je l'ai vu quelquefois, lorsque ses provocations venaient se briser contre ma force d'inertie, avoir lui-même des mouvements d'humeur et des emportements bien autrement vifs que ceux auxquels j'ai pu m'abandonner dans deux ou trois circonstances. Rien n'était épargné pour le froisser, l'aigrir et l'affermir dans cette obstination que toute résistance un peu prolongée développe chez les natures énergiques, et qui, chez les vieillards, prend quelquefois un caractère d'inflexibilité invincible.

Lui qui naguère avait une santé de fer, presque toujours il était malade. Dans plusieurs de ses lettres, il se plaint que ses forces baissent et que sa tête s'affaiblisse. Il ne se retrouve plus tel qu'il était jadis, et cet état fût, chez ma mère, encore bien plus accentué, car elle était dès lors sous l'influence d'une affection cérébrale à laquelle elle a fini par succomber, et qui déjà s'était accusée par de légères attaques de paralysie. Elle ne pouvait presque plus écrire ni compter. Elle était incapable de tout travail, de tout effort demandant une tension soutenue d'esprit.

De ces deux vieillards dont ils savaient la raison affaiblie par l'âge, et dont ils troublaient encore l'esprit par des substances toxiques, les agents de la police firent leur instrument, quelquefois aussi leur jouet. Après avoir entamé la lutte dans un but déterminé, ils l'ont continuée sans espoir comme sans profit pour eux-mêmes, par crainte surtout, car ils sentaient que je pouvais un jour devenir dangereux, mais aussi par curiosité, pour voir ce qui sortirait des choses poussées à l'extrême. Il y a des gens qui portent dans le mal autant de passion que d'autres en déploient dans le bien. Ils sont les vrais, presque les seuls coupables, et de tous les crimes que je leur ai vu commettre et que je vous dénonce, le plus grave sans contredit est de jeter, d'entretenir dans les familles ces ferments de discorde, d'armer le père contre le fils, et de les engager dans ces luttes contre nature où chaque coup porté blesse celui qui le donne autant que celui qui le reçoit.

Je tenais à donner ces explications, et à les donner à cette place, parce que, pendant la période où je vais entrer, et qui dura plus de neuf mois, je fus contraint de vivre chez mes parents, et dans de telles conditions, que les froissements et les luttes étaient constants, inévitables.

Malgré sa longue durée, la séquestration à laquelle on venait de me soumettre avait été sans résultat. On n'avait point cependant perdu l'espoir de briser ma résistance, et l'on était bien résolu, si elle se prolongeait trop, à m'enfermer une troisième fois dans une maison d'aliénés. On avait même tout préparé pour rendre plausible une incarcération nouvelle.

J'ai dit quelle publicité on avait donnée à mon arrestation à Saint-Georges, et avec quel soin mon père répandait partout le bruit que j'étais atteint d'une affection cérébrale incurable. Je retrouve dans ses papiers des preuves manifestes de cette préoccupation.

Le 14 Mars 1873, il écrivait à M. Guingeard, commissaire de police d'Ancenis, qu'il connaissait personnellement :

Mon cher M. Guingeard,

Depuis que j'ai eu l'occasion et le plaisir de vous voir à Ancenis, nous avons été bien cruellement éprouvés. Ernest, par suite de travaux excessifs l'été dernier, a éprouvé *une maladie du cerveau* qui nous laisse de grandes inquiétudes, car elle n'est point encore complétement dissipée. A première occasion, je vous donnerai de plus amples détails...

Mon père avait écrit d'abord que j'avais éprouvé un *dérangement d'esprit*. On ne trouva pas sans doute l'expression assez forte, et on la lui fit remplacer par celle de : *maladie du cerveau.*

Le 14 Juillet 1873, il saisissait le prétexte d'une lettre d'affaires à M. Guitton aîné, l'un des avocats les plus connus d'Angers, pour lui écrire :

Monsieur Guitton aîné,

Je n'ai point oublié ma dette envers vous... Dès le commencement de Décembre d'*irrémédiables malheurs* m'ont accablé et ont changé ma situation. Mon fils aîné, par suite d'un travail excessif pendant l'été de 1872, et aussi des fatigues du siége de Paris, ayant donné des indices de désordre dans les idées, M. le Directeur de la Bibliothèque nationale, où il était employé, m'en fit instruire avec invitation de l'aller chercher pour lui faire passer quelque temps à la campagne. Huit jours après son arrivée à Saint-Georges, il nous fit une scène d'une violence telle que la police dût intervenir, et par suite le placer à Charenton, où il est encore présentement...

Il résulte aussi de divers passages des lettres de mon père qu'on avait eu d'abord le dessein de porter à mon compte les dépenses de mon séjour à Charenton, afin de m'enlever toutes ressources et de me mettre complétement à la discrétion de mon père. C'était évidemment dans ce but que ce dernier s'enquérait avec tant de sollicitude auprès de M. le Directeur de Charenton des ressources cachées que je pouvais avoir, et qu'il essayait de s'emparer de mon traitement à la Bibliothèque. Il est même probable que, s'il y fût parvenu, ce dessein eût été réalisé. Mais on n'osa pas sans doute, me sachant cette somme de 500 francs entre les mains, s'exposer à des revendications judiciaires qui pouvaient devenir scandaleuses et dangereuses, et j'obtins, sans trop de difficultés, le règlement de compte dont j'ai parlé plus haut, et qui fixe à 1440 francs la dette de mon père envers moi. Je suis actuellement possesseur de cette pièce, écrite toute entière de sa main.

On ne négligeait rien, du reste, pour me convaincre que ma rentrée à la Bibliothèque restait, comme par le passé, entièrement à la discrétion de mon père, et voici ce que M. Taschereau lui écrivait à la même époque :

Direction de la Bibliothèque nationale.

Paris, le 14 Octobre 1873.

L'Administrateur-Général, Directeur,

Monsieur,

En m'annonçant l'arrivée chez vous, après sa mise en liberté, de Monsieur votre fils, au remplacement duquel les besoins du service ont exigé qu'il fut pourvu, vous me faites l'honneur de me demander par votre lettre en date du 6 courant, de vouloir bien vous instruire de l'époque probable à laquelle il pourra revenir occuper un poste dans notre établissement, afin qu'il prenne les dispositions nécessaires.

Il m'est absolument impossible, Monsieur, de pouvoir m'en rendre compte et de vous le dire par avance. Il faut, pour que je sois à même de proposer cette réintégration à M. le ministre, qu'une vacance se produise dans un département de la Bibliothèque où les connaissances de M. Ernest Faligan lui permettent de rendre des services. Or, comme il est dans nos usages de provoquer des mises à la retraite, les vacances ne se font que par suite de décès, c'est-à-dire qu'elles sont tout à fait imprévues, car personne n'aurait pu deviner que l'employé qui a succédé à Monsieur votre fils et qui était un des plus jeunes de tout notre cadre, mourrait après quelques mois seulement d'exercice. Son successeur a été nommé au commencement du mois dernier.

Il faut donc attendre, et je crois que l'attente et le repos ne seront pas contraires à la situation de santé de Monsieur votre fils. Il m'a déclaré avant de partir qu'il n'avait jamais été malade, et sa manière d'être vis-à-vis de ceux de ses collègues qu'il a rencontrés dans ses dernières visites à la Bibliothèque prouve qu'il les considère toujours comme étant entrés dans le complot tramé par M. Faustin Hélie et par sa famille, dont il se croyait victime. L'apaisement demande donc encore à se faire dans son esprit, espérons qu'il arrivera bientôt à être complet.

Veuillez agréer, Monsieur, l'expression de mes sentiments distingués et dévoués.

J. TASCHEREAU.

Bien que plus habile que la lettre de M. Saint-Yves, car elle ne dit pas formellement les choses, elle se contente de les laisser très-nettement entrevoir, cette lettre n'est pas moins significative.

Elle replace les choses au point où elles se trouvaient lors de mon premier voyage à Saint-Georges. J'ai besoin de repos ; l'apaisement demande à se faire dans mon esprit ; ce sera seulement lorsqu'il sera complet, c'est-à-dire lorsque je me serai soumis de tous points que ma place me sera rendue. Retardée indéfiniment si je résiste, la vacance attendue se produira sur le champ, si je cède.

Dès mon arrivée, du reste, le système d'injures, de vexations, de provocations de toute nature auquel j'avais été précédemment soumis, redoubla. Tout fut mis en œuvre pour me rendre l'existence intolérable. En même temps les toxiques étaient employés avec un redoublement de brutalité, et j'étais, de toutes façons, mis à un véritable supplice.

Au mois de Décembre, j'avais fait un voyage de quelques jours à Paris, afin d'y préparer mon retour, et décidé à y revenir, mais voulant, avant de m'y rendre, m'assurer la protection de la justice (j'étais encore bien naïf à cette époque), j'allai, le 15 Janvier 1874, trouver M. le Procureur de la République d'Angers, et lui fis connaître la situation dans laquelle je me trouvais. Après m'avoir écouté fort attentivement, M. le Procureur de la République se contenta de me dire : « C'est bien, Monsieur, repassez dans trois jours, je serai alors en mesure de vous répondre. » Trois jours après, en entrant dans son cabinet, la première personne que j'apercevais était mon père, et après quelques demandes d'explications auxquelles il ne prit même pas la peine de répondre, M. le Procureur de la République me mit dans cette alternative de retourner immédiatement chez mon père, ou de subir une nouvelle séquestration dans une maison d'aliénés.

Si le Procureur de la République osait agir de la sorte, c'est que, pendant ces trois jours, on avait bien employé le temps. Un de mes cousins, le propre frère de cette cousine à laquelle on voulait me marier, m'était venu voir, m'avait montré les sentiments les plus affectueux, avait même accepté de déjeûner avec moi. Puis, prenant prétexte de ces visites, il avait écrit à sa sœur une lettre odieuse, remplie de mensonges, où il me prêtait gratuitement des propos d'une telle gravité qu'ils devaient suffire à me faire enfermer. Ma cousine avait remis la lettre à mes parents, et mon père, armé de cette pièce, était venu m'attendre dans le cabinet du Procureur de la République, qui avait accordé le temps nécessaire pour la faire fabriquer, et l'avait ensuite acceptée comme parole d'Evangile.

Voici cette lettre, que j'ai trouvée parmi les papiers de mon père :

Angers, 16 Janvier 1874.

Chère Louise,

Je m'étonne un peu que tu ne m'aies pas écrit ces jours derniers au sujet d'Ernest pour me dire si son départ de Saint-Georges s'était assez bien effectué et surtout sans trop de bruit ; c'est lui-même qui hier m'a appris qu'il était parti de Saint-Georges pour n'y jamais rentrer, car il est à Angers depuis trois ou quatre jours ; où est-il descendu ? je n'en sais rien. Je suis resté hier avec lui à peu près pendant deux heures, et c'est là où j'ai vu que malheureusement il avait la tête de plus en plus malade. Il a d'abord dit qu'il était parti de Saint-Georges pour n'y jamais remettre les pieds ; que du reste il ne pouvait y rester plus longtemps puisqu'on voulait l'empoisonner et que même il avait trouvé dans son tabac de la belladone qu'il venait de montrer au Procureur de la République, qui ne lui avait pas dit grand'chose. Pourvu, m'a-t-il dit, qu'on n'essaie pas ici de m'empoisonner. J'ai eu beau lui démontrer que ce n'était pas possible, et que c'était en dehors de tout bon sens, tout a été inutile ; il avait vu dans son tabac de la belladone, il en avait vu, il en avait vu. Je lui ai demandé ce qu'il comptait faire et s'il allait rentrer à Paris. A quoi il m'a répondu : Je vais probablement rester encore quelques jours à Angers, où je vais prendre un parti quelconque, et de là j'irai plus loin, mais je n'irai jamais à Paris, ce serait aller me jeter dans la gueule du loup.

Il m'a promis qu'avant son départ d'Angers, il viendrait me dire adieu.

Seulement la bourse ne pouvant pas toujours suffire, je crains qui *(sic)* ne se livrerait pas alors à des actes de désespoir qui pourraient avoir peut-être un fâcheux dénouement.

Ecris-moi donc deux mots, et dis-moi un peu comment il vous a quitté, et s'il vous a dit ce qu'il comptait faire...

Bien des choses de ma part à mon oncle et à ma tante Faligan.

Ton frère qui t'aime et t'embrasse,

C. (Camille) THIERRY.

Cette lettre débute par un mensonge évident. Mon cousin dit qu'il ne sait pas où je suis descendu, et cependant il est venu me voir et me prendre plusieurs fois à l'Hôtel de Londres, où je logeais. Tous les propos qu'il me prête sont aussi faux, et il est de toute évidence qu'il ne les a point inventés lui-même, et qu'ils lui ont été dictés, car ils sont calculés d'une manière très-perfide, et arrangés de façon à faire croire que j'ai vraiment perdu l'usage de ma raison.

Surtout en ce qui concernait mes affaires personnelles, pour un motif facile à comprendre, j'avais été très-réservé dans nos conversations, et je m'étais contenté de répondre à ses questions qu'afin de m'intimider, on m'avait administré des substances toxiques tant à Charenton qu'à la maison paternelle, et que pour prendre un parti sur ce que je ferais ensuite, j'attendais la réponse de M. le Procureur de la République. Dernièrement, après la découverte de cette pièce, j'ai demandé à mon cousin, devant un de nos parents communs, des explications sur sa conduite, et il n'a pu ni la nier, ni la justifier.

Quant à sa sœur, ce qu'elle a fait en cette circonstance n'est-il pas la meilleure justification de la persistance de mon refus ? Qui voudrait pour femme d'une fille capable de pareilles trahisons ?

Vous le voyez, Messieurs, je n'avais pas tort de vous dire, en débutant, que la magistrature avait été plus d'une fois complice des excès de pouvoir et des violences de la magistrature. M. le Procureur de la République m'avait tendu un véritable guet-apens, et j'aurais dû le prévoir, car lorsque je m'étais plaint qu'on m'administrât des substances toxiques, il m'avait répondu d'un air moqueur : « Ah ! vraiment ! on a donc des moyens de persuader les gens qui ne veulent pas entendre raison. » Si ce ne sont pas les termes précis, c'est du moins le sens très-exact de sa réponse.

Contraint de retourner chez mon père, j'y fus soumis à des mauvais traitements d'une intensité plus grande encore que par le passé. Comme on supposait que j'avais perdu tout espoir d'obtenir justice, on n'épargna rien pour m'effrayer ni pour me décourager. Chaque jour c'était une souffrance, une torture nouvelle. On épuisa, je crois, sur ma personne, tous les moyens de faire souffrir que renferme l'arsenal de la toxicologie. En même temps, les tentatives les plus honteuses, les plus immondes étaient faites pour éveiller en moi des idées érotiques et des désirs de mariage. J'étais tenu sous l'action continue des aphrodisiaques, poussée parfois jusqu'à me causer de véritables crises nerveuses. Pour vous donner une idée des moyens auxquels on ne craignait pas d'avoir recours, je vous citerai ce seul fait, car il me répugne de remuer de pareilles ordures : Un jour que 'étais dans un de ces paroxysmes et que je me trouvais à ma fenêtre, je vis se dresser devant moi, derrière la fenêtre d'une maison voisine, une femme complétement nue.

J'eus assez d'énergie pour tenir bon jusqu'à la fin, et, de guerre lasse, on me laissa revenir à Paris. Mon père fut chargé de me prévenir que j'y pouvais retourner.

Mais, malgré tant d'échecs, il ne désespérait pas encore de réussir, et voici dans quels termes il annonçait mon départ à mon cousin, M. Léon D..., le 5 Juillet 1874 :

« ... Ernest doit en Août tâcher de se créer des occupations à Paris. Je doute qu'il y réussisse, mais *je trouve bon* qu'il le tente. »

Et quelques jours plus tôt, le 25 Juin, afin de préparer l'avenir, il avait écrit à M. Léon D... :

« Je crois que le congé (de la mansarde où se trouvaient mes livres), en cas de besoin, doit être donné en mon nom, *vu d'ailleurs l'état dans lequel se trouve Ernest. Pas de changement sensible dans sa situation, sinon qu'il est d'un calme complet, mais toujours taciturne, sauvage même, et convaincu* (avec assez de raison, il me semble) *que nous le retenons de force à Saint-Georges.* »

Une fois que je fus revenu à Paris, mon existence entra dans une phase nouvelle. Mais pour vous en donner une idée exacte, il est nécessaire que j'en fasse précéder le récit de quelques explications générales.

VII.

Le gouvernement occulte.

Il existe certainement, à côté du gouvernement officiel ou dans son sein, je ne sais lequel, un gouvernement occulte, sorte de vaste association ou société secrète dont j'ignore l'organisation, puisque je n'en fais pas partie, mais dont j'ai constamment éprouvé l'action très-manifeste, car cette action, il mettait un véritable acharnement à me la faire sentir, afin de me convaincre que j'avais entrepris une lutte inégale, insensée, dans laquelle je serais nécessairement écrasé.

Ce gouvernement occulte, qui doit compter un nombre énorme d'affiliés, a des intelligences secrètes, des ramifications dans toutes les grandes administrations publiques ; et il dispose certainement en maître absolu de quelques-unes d'entr'elles, notamment de la police, où se trouve peut-être son centre véritable.

Il a pour principe que la fin justifie les moyens, et il ne recule devant aucun, pas même devant les plus criminels, pour arriver à son but. Il a pour armes l'espionnage et le poison, et il exerce la plus dure tyrannie sur ses membres, dont un très-grand nombre ne sont point volontairement entrés dans ses cadres, mais y sont retenus par l'intimidation, le chantage ou la crainte de perdre leurs moyens d'existence. Il les maintient sous un régime de surveillance, d'entraînement et d'excitations périodiques qui est un véritable esclavage. Il les contraint d'obéir à des mots d'ordre dont le plus souvent ils ignorent la signification et la portée véritables, et tantôt s'en amuse comme de jouets, tantôt s'en sert comme d'instruments aveugles pour exécuter les desseins les plus condamnables, les actes les plus répréhensibles. Il soumet la population à un régime toxique qui tantôt surexcite en elle les facultés et tantôt les paralyse, les diminue du moins d'une façon notable. Afin de mieux la dominer, il développe outre mesure ses appétits sensuels, notamment l'ivrognerie et la débauche. Il en maintient une partie dans un état calculé de dégradation, et tant par son action directe que par les funestes exemples qu'il donne, il est la cause d'une effroyable démoralisation.

L'administration des toxiques à petite dose est générale, je pourrais dire universelle, car une grande partie de la population s'y trouve soumise d'une façon continue, et le reste, d'une manière moins suivie peut-être, mais à coup sûr très-fréquente. Du jour où mon attention fût éveillée sur ce point, j'ai pu constater le fait à chaque instant, en quelque sorte, tant sur les personnes avec lesquelles j'étais en relation que sur les passants, dans la rue.

Cette administration de toxiques à petite dose constitue un moyen de gouvernement. Il sert à la fois à éprouver les gens, à les maintenir sous une discipline de fer, et à les châtier toutes les fois qu'ils s'écartent des règles qu'on leur impose, ou n'obéissent pas aveuglément aux ordres qu'on leur donne. Afin de reconnaître quels sont en chaque individu les goûts, les passions, les aptitudes qui prédominent, on surexcite tour-à-tour ses appétits et ses facultés ; puis, quand on les a développés, on leur fournit l'occasion de se déployer, soit en appliquant l'esprit à des tâches déterminées, soit en soumettant les passions exaltées de la sorte à des tentations, des provocations préparées d'avance, — en leur tendant des piéges plus ou moins adroitement calculés.

Grâce à ce système peu scrupuleux, on arrive à reconnaître assez bien quelles sont les aptitudes de chaque personne, à quel travail elle est plus spécialement propre, quels traquenards on devra lui tendre lorsqu'on voudra lui faire commettre des actes répréhensibles qui la mettent, par la crainte d'une révélation, à la discrétion et sous la dépendance du gouvernement occulte, de quelle manière il faudra s'y prendre pour la gouverner facilement et à son insu ; enfin, lorsqu'on voudra la châtier, quelles sont les parties les plus sensibles de son caractère, de son cœur et de son âme, celles dans lesquelles on devra la frapper pour la faire souffrir.

Il existe en outre un système d'espionnage occulte parfaitement organisé, dans lequel chaque membre de l'association est chargé d'épier, de contrôler les actes des autres affiliés, afin d'en rendre compte à des surveillants spéciaux, qui centralisent et vérifient les rapports. Ces surveillants ont aussi la tâche de distribuer les mots d'ordre, d'appliquer les châtiments, de répartir les substances toxiques, et surtout de soumettre tous les membres à un système calculé d'épreuves. Ce système rend l'existence très-pénible, car il en augmente toutes les peines et il en gâte toutes les joies ; mais il présente cet avantage de terroriser les gens et de les tenir dans la plus étroite dépendance, en leur faisant sentir que la main des chefs pèse constamment sur eux, et est prête à les frapper à la moindre velléité de résistance.

Le gouvernement occulte, par cette constante intervention dans les actes les plus intimes de ses affiliés, dispose souverainement de leur santé, de leurs affections, de leur fortune, en un mot de leur sort. Il décide la plupart du temps dans quelle carrière ils entreront et, par ses puissants moyens de pression, il arrive presque toujours à la leur faire embrasser. Il les y suit pas à pas, y règle, suivant leur mérite ou ses intérêts, les échecs, les succès qu'ils éprouveront. Il peut en effet, s'il les veut entraîner dans une voie fâcheuse, développer leurs passions prédominantes à un degré tel qu'il leur soit bien difficile d'y résister. Il lui suffit aussi de donner un mot d'ordre pour écarter de la personne qu'il veut frapper, connaissances, amis, même les proches, pour lui enlever tous ses moyens d'existence, et la réduire à la misère.

Les petits, les faibles, les femmes en particulier sont principalement victimes de ce système odieux de gouvernement qui, pour seul principe, reconnaît la force, et écrase impitoyablement ceux qui manquent de protection, ou, pour une cause ou pour une autre, tombent sous sa dépendance. Tous les travailleurs, ceux de l'intelligence comme ceux des professions manuelles, sont, suivant les circonstances ou les intérêts de l'association, soumis à un régime d'entraînement calculé qui, certainement, doit, à la longue, user les forces et abréger l'existence.

L'enfance elle-même n'est pas respectée, et dès l'âge le plus tendre on surexcite les sens, on cherche à faire naître les passions, afin de reconnaître de bonne heure les dispositions individuelles, et de les pouvoir exalter ou réprimer suivant qu'elles sont ou non en accord avec les vues des parents et de l'association. Systématiquement, on donne aux appétits surexcités à l'aide de toxiques une intensité qu'ils n'ont point naturellement, afin qu'ils tiennent une place plus large dans l'existence, et qu'en devenant la préoccupation constante, souvent unique, ils détournent d'aspirations plus hautes, et paralysent toute pensée de révolte ou d'émancipation.

Les femmes, celles du peuple surtout, sont soumises à l'action répétée des aphrodisiaques, et lorsqu'elles sont sous cette influence, à des excitations à la débauche, à des sollicitations auxquelles il faut certainement une vertu peu commune pour résister. Mais si le gouvernement occulte n'avait pas recours à ces moyens, il ne pourrait recruter l'immense troupeau de prostituées de tout rang et de toute forme qui est un de ses plus puissants moyens d'espionnage et de gouvernement, et il les emploie avec le cynisme le plus révoltant. Quant aux malheureuses qu'il a débauchées de la sorte, il les tient dans un état de surexcitation constante qui achève de les dégrader et de les avilir, qui souvent les fait descendre à un niveau voisin de la bestialité. Elles sont entre ses mains, dans le sens le plus strict, des esclaves et des jouets.

Une de ses pratiques les plus dangereuses et les plus condamnables, lorsqu'il a, pour un motif ou pour un autre, à demi paralysé l'intelligence d'une personne par l'action d'un toxique, ou bien lorsqu'il l'a jetée dans la surexcitation la plus vive, consiste à lui tendre des piéges pour la dépouiller, à lui faire contracter, par exemple, des engagements contraires à ses intérêts, ou bien à la provoquer afin de lui faire commettre des actes de violence, même des crimes. Bien que la police sache que cette personne n'avait pas alors l'entière possession de sa volonté, elle ne craint pas cependant, dans ce dernier cas, de la traduire devant les tribunaux, et des magistrats qui ne peuvent ignorer dans quelles conditions le crime, le délit a été commis, châtient et condamnent comme si l'accusé avait eu la responsabilité complète de ses actes. Ce qu'il y a de grave, dans de pareils faits, et ce qu'ils doivent engendrer de haine et de démoralisation, vous devez facilement le comprendre, Messieurs, et sans insister davantage, j'arrive aux faits qui m'ont conduit à émettre ces assertions et qui leur servent de base.

Pour l'administration des toxiques, elle est certaine, évidente, et tout médecin, dès que son attention se trouve éveillée sur ce point, et qu'il est instruit de la véritable cause des phénomènes qu'il a sous les yeux, ne saurait la méconnaître. Je dis qu'il faut que son attention soit éveillée sur ce point, car les toxiques étant d'habitude administrés à petites doses, il ne se produit pas de phénomènes pathologiques à proprement parler, mais une simple exagération des phénomènes physiologiques, ainsi, par exemple, un redoublement d'activité physique et morale, une accélération très-manifeste de la pensée, de la parole, de tous les mouvements, une joie, une tristesse excessives. Il est donc nécessaire qu'on soit sur ses gardes, autrement on pourrait attribuer à des causes morales, au tempérament de l'individu, ce qui est en réalité l'effet du poison administré à petite dose. Ces phénomènes, je les ai constatés d'une façon continuelle sur les personnes avec lesquelles je me suis trouvé en relation passagère ou suivie. J'ai pu, sur moi-même, en étudier très attentivement l'action, et je puis affirmer avec la plus entière certitude qu'ils sont administrés partout, dans les maisons particulières comme dans les hôtels et restaurants. Il est de toute impossibilité que je me trompe, car, comme on voulait m'intimider, loin de me cacher ces faits, on avait recours à toutes sortes de moyens indirects pour me les faire comprendre, pour tâcher même de m'en exagérer la portée. Sans cesse, soit par des paroles jetées en passant, soit par des gestes répétés et quelquefois obscènes, les affiliés, dans la rue, m'ont prévenu et me préviennent encore que des substances toxiques ont dû ou doivent m'être administrées, que j'éprouverai tel ou tel symptôme, et presque toujours la prédiction s'est réalisée. Grâce au système de surveillance, d'espionnage et de contrôle qu'il exerce sur ses affiliés, ce gouvernement occulte doit avoir en effet mille moyens d'arriver à ses fins et d'atteindre les individus qu'il veut frapper.

J'ai la certitude aussi que nombre de gens malades le sont parce que, pour les punir ou se venger, le gouvernement occulte leur administre le poison à hautes doses et souvent à doses mortelles. Je suis convaincu qu'on en trouverait fréquemment la trace si, dans les autopsies, au lieu de s'inquiéter seulement de quelle affection le malade est mort, on cherchait en outre s'il n'a point été soumis à l'action de substances capables de déterminer l'ensemble de lésions et de symptômes auxquels il a succombé.

Quant à l'espionnage, il n'est pas moins bien organisé. Je n'ai pu naturellement pénétrer les moyens à l'aide desquels il s'exerce ; mais j'ai pu constater de la façon la plus positive que j'étais, non seulement au-dehors, mais chez moi, dans mon logement, l'objet d'une surveillance constante, minutieuse, qu'on me faisait sentir par tous les moyens possibles, afin de me lasser et de m'irriter. Durant les six années qui viennent de s'écouler, je ne me suis pas mis une seule fois au travail, à Paris, sans que, par des bruits de toute sorte, on n'ait cherché à me troubler, à m'empêcher de lire ou d'écrire. Souvent on s'est amusé, lorsque je me livrais à une occupation quelconque, à me faire crier au dehors ce que je faisais, comme s'il se fût agi d'une autre personne, afin de bien me convaincre qu'aucun de mes actes n'échappait à cette surveillance occulte.

En mon absence, constamment on entrait chez moi, ce qui ne pouvait se faire qu'avec la connivence du concierge où d'autres habitants de la maison. On déplaçait mes papiers, on les cachait, on les enlevait même, ou bien on déchirait ou tachait mes livres, mon linge, mes habits, tous les objets à mon usage. Le fait, du reste, ne doit pas m'être particulier, et je suis persuadé que le gouvernement occulte, par ses agents ou par ses affiliés, pénètre de même dans les logements où il a intérêt à entrer. Je suis même convaincu qu'il n'est pas de serrure dont il n'ait la clef. J'ai pu cependant, sous ce rapport, me mettre à l'abri de ses atteintes en faisant faire en acier un cadenas à lettres avec lequel je ferme ma porte intérieure.

Sur le grand nombre des affiliés, je n'ai pas été édifié d'une manière moins complète, car un des moyens les plus constants dont on ait usé pour me lasser et m'irriter, a été de me soumettre à un régime permanent de moqueries, toujours les mêmes. Les personnes avec lesquelles je me trouvais en rapport répétaient dans la conversation, d'un ton plus ou moins ironique, certaines expressions qui me sont familières. Les passants, dans la rue, imitaient mes gestes les plus habituels (chacun a les siens), ou bien me barraient le chemin, cherchaient à me heurter, et s'arrangeaient de façon à bien me montrer que ces provocations n'étaient point accidentelles, mais volontaires et préméditées.

A ces signes très-évidents, j'ai pu reconnaître les individus que le gouvernement occulte, de gré ou de force, maintient dans sa dépendance, et je puis dire qu'ils sont innombrables, et comprennent la plus grande partie de la population. J'ai pu me convaincre aussi de l'action inquisitoriale et souveraine que ce gouvernement occulte exerce sur les relations d'affaires, au moins quand son intérêt l'exige, car nombre de personnes avec qui je me suis trouvé en rapport n'ont jamais rien conclu avec moi sans qu'on me fît bien sentir qu'elles n'agissaient qu'avec son autorisation. Elles ont souvent refusé des propositions qu'il eût été de leur intérêt évident d'accepter. J'ai de plus trouvé fermées nombre de portes qui se fussent certainement ouvertes pour moi, si cette influence ne se fût interposée. Tout a été mis en œuvre pour m'occasionner des pertes de temps, m'enlever mes ressources, mes relations, et me réduire par les privations et la misère.

Le chapitre des provocations est peut-être celui sur lequel je puis m'expliquer de la façon la plus catégorique, car j'en ai subi de toutes sortes, dont j'ai déjà signalé une partie, et sur lesquelles je vais revenir tout à l'heure. J'en ai vu exercer plus d'une aussi sous mes yeux, et avant même d'être l'objet des mauvais traitements de toute nature auxquels je suis soumis depuis plus de six ans, j'en avais éprouvé de fréquentes, sans savoir qu'elles fussent calculées. La tactique la plus usuelle du gouvernement occulte consiste certainement à tendre des piéges de toute nature, afin de faire commettre des actes délictueux ou criminels qu'il ne poursuit pas, mais dont il se sert comme d'un moyen de contrainte et d'intimidation pour obliger les personnes prises de la sorte à entrer dans son association et à s'en faire les serviteurs. J'ai eu le bonheur d'échapper à ceux qui m'étaient tendus. Mais j'ai vu d'autres personnes tomber dans ceux qu'on dressait sous leurs pas, et il est un fait que je vous signale particulièrement, parce qu'il est d'une fréquence extrême. Des parents qui veulent s'attribuer sur leurs enfants une autorité plus grande que celle accordée par les lois aux pères de famille ont recours à un moyen presque infaillible. Ils s'adressent à la police qui, par des substances toxiques, surexcite les passions des jeunes gens et les met en rapport avec des femmes à elle, qui leur font commettre des dépenses exagérées, des folies : puis les parents, intervenant tout à coup, font donner un conseil de famille à leurs fils par les tribunaux qui l'accordent, bien qu'ils ne puissent ignorer de quels moyens odieux on s'est servi pour se mettre en mesure de l'obtenir.

Après ces explications préalables, je vais pouvoir achever rapidement ce qu'il me reste à dire.

VIII.

Mon retour à Paris. Les agressions sur la voie publique.

Depuis mon retour à Paris, je n'ai pas cessé d'être soumis à l'action des toxiques les plus variés, appliqués à doses que j'appellerai coercitives, car on ne les fait prendre ainsi qu'aux gens enfermés dans les prisons et les bagnes, ou bien aux personnes auxquelles on veut faire expier des actes délictueux ou criminels restés légalement impunis. On a mis tout en œuvre pour m'enlever mes relations, mes ressources, en un mot tous mes moyens d'existence. On m'a fermé nombre de portes qui certainement se seraient ouvertes, s'il n'eût existé de secrètes défenses. On a fait retarder indéfiniment la publication de quelques-uns de mes travaux ; on a cherché de toutes manières à me mettre dans l'embarras. On voulait, à tout prix, m'empêcher d'acquérir des ressources qui me permissent de dévoiler les excès de pouvoir dont j'ai été victime. On n'a rien épargné non plus pour me rendre le travail pénible, presque impossible, soit en me soumettant à l'action de toxiques, qui paralysaient mon intelligence et augmentaient dans des proportions considérables les difficultés, déjà si grandes, de mon travail d'homme de lettres, soit en maintenant mon système nerveux dans un état de surexcitation telle que le moindre bruit lui devenait douloureux, et en faisant alors autour de moi un vacarme qui me rendait tout travail de réflexion et de concentration impossible.

Dans la rue, signalé partout sur mon passage par les agents secrets de la police ou du gouvernement occulte, j'étais l'objet; non seulement de moqueries, mais de provocations constantes. On me heurtait, on me bousculait d'une façon non pas accidentelle, mais continue. Je ne pouvais sortir qu'armé d'une canne et j'étais obligé de me tenir constamment sur la défensive, car dès qu'on pensait pouvoir me saisir hors de garde, on arrivait, et l'on me heurtait et me poussait. Souvent même, bien que j'eusse pris le parti de recevoir sur ma canne les gens qui venaient m'assaillir de la sorte, et qu'ils fussent sûrs de s'y frapper, on les forçait à se jeter sur moi et à recevoir le coup, sans doute afin de me persuader que ma résistance n'empêcherait pas de me troubler et de me provoquer. Puis les gens qui étaient venus ainsi me heurter m'insultaient et me poursuivaient des plus grossières injures. Ils le pouvaient faire en toute sécurité, car j'ai remarqué qu'en ces circonstances jamais il ne se trouvait en vue un sergent-de-ville dont je pusse invoquer la protection.

J'ai été de plus assailli, frappé, arrêté plusieurs fois par des agents de la police secrète ou du gouvernement occulte.

Le 17 Septembre 1875, un individu qui a déclaré s'appeler Foury (Claude-François), être âgé de 32 ans, comptable, et demeurer 17, Rue de la Banque, après m'avoir heurté sur le boulevard de la façon la plus provocante, m'a fait arrêter par un sergent-de-ville et conduire chez le commissaire de police de la rue de Hanovre, dans le but unique de me faire une avanie, car il n'avait aucun motif de me poursuivre, et s'est bien gardé dans le fait de donner la moindre suite à sa plainte.

Le 7 Août 1876, un individu très-convenablement vêtu, décoré de l'ordre de la Légion d'honneur, m'assaillait de la façon la plus brutale sur le Quai de l'Hôtel-de-Ville et me bousculait. Je le souffletai ; il garda le soufflet et ne riposta pas. Voulant constater de quelle source me venaient ces provocations, je le suivis et le fis arrêter par le sergent-de-ville IV, 209, puis conduire au poste de la Rue Geoffroi-Lasnier pour avoir son nom et des explications sur les motifs de sa conduite. Mais quand j'eus déposé ma plainte, il dit quelques mots à voix basse à l'oreille du brigadier, qui non-seulement refusa de me donner le nom de cet individu, mais me garda pendant un quart'd'heure dans le poste, afin de donner le temps à mon agresseur de s'éloigner.

Huit jours après, le 14 Août 1876, je fus provoqué de la même manière sur le boulevard St-Germain par un ouvrier qui saisit ma canne et essaya de me l'enlever. Cet ouvrier est un fumiste nommé Thorins (André-Jean) et demeurait alors rue Galande, 52. J'ai pu le savoir en le suivant jusque dans cette rue, où l'intervention de deux sergents-de-ville, que j'y rencontrai enfin, me permit d'obtenir le nom de cet individu chez son logeur.

Le 15 Septembre 1876, j'ai été accosté et injurié par un individu qui déjà, le 30 Juin de la même année, s'était attaché à mes pas dans le Luxembourg, et m'avait suivi le long de l'allée de l'Observatoire, en m'injuriant et me provoquant de la façon la plus grossière. Cet individu, que j'ai depuis lors plusieurs fois rencontré sur mon chemin, m'a dit se nommer....

Le 16 Novembre 1876, sur le Quai de l'Hôtel-de-Ville, au même endroit et à la même heure où j'avais été heurté et frappé le 7 Août 1876, alors que j'avais les mains embarrassées de paquets, je fus assailli de nouveau par un individu qui, lorsque je le repoussai, me lança un coup de pied furieux, déchira le devant de ma chemise, puis, comme je m'étais mis en état de défense, cessa de me frapper, mais se mit à m'injurier, me traita notamment de mouchard. J'ai pu prendre à témoin de ce dernier fait le commissionnaire 12,293. Je fis arrêter cet individu par un sergent-de-ville, et je me rendis avec lui chez le commissaire de police de la rue Vieille-du-Temple. Les employés du commissariat prirent et me donnèrent son nom (Maréchal, Etienne, cordonnier, âgé de 34 ans, demeurant rue Traversière, 72.) Mais le commissaire de police refusa de recevoir ma plainte, et nous renvoya en nous disant que nous étions *deux imbéciles.*

Cet individu, de toute évidence, m'avait été détaché par l'agent de la police secrète ou du gouvernement occulte que j'avais souffleté au même endroit le 7 Août 1876 (*).

Je suis d'autant plus en droit de le croire que ce même agent, depuis lors, affecta plusieurs fois de se trouver sur mon passage, toujours sur le même quai et à la même heure, et de nouveau m'y provoqua et m'y heurta. Voulant mettre un terme à ces provocations, je le fis arrêter de nouveau par le sergent-de-ville IV, 94, et conduire au poste de la rue Geoffroy-Lasnier, devant

(*) J'ajoute que ces provocations ont toujours eu lieu à des moments où j'avais pu trouver à faire un travail de quelque importance, et avaient pour but évident de m'en distraire en m'irritant ou de m'en détourner en m'effrayant.

le brigadier IV, 8. Ce brigadier nous fit conduire chez le commissaire de police de la Rue Vieille-du-Temple, le même qui précédemment m'avait traité d'imbécile, et ce commissaire de police, sans vouloir entendre la moindre explication, m'envoya au poste de la mairie du IVe arrondissement, où l'on me retint enfermé, dans la prison, pendant une demi-heure. Puis on me ramena chez le commissaire de police, lequel me déclara du ton le plus brutal que si je cherchais de nouveau à connaître le nom de mon agresseur, il m'enverrait au dépôt de la Préfecture, et que je n'en serais pas quitte à si bon compte.

J'étais véritablement à cette époque hors la loi et la justice. Je n'avais pas les ressources nécessaires pour m'adresser aux tribunaux, et je ne connaissais personne qui put me protéger. Bien que, chaque fois que j'étais l'objet de ces agressions, je les signalasse au Comité de la Société des Gens de Lettres dont je suis membre, et qu'on me promit de les faire cesser, il n'était tenu aucun compte de ses plaintes, et les attaques personnelles, les provocations suivaient leur cours habituel.

On se croyait tout permis envers moi. Devant les tribunaux eux-mêmes, lorsque, dans deux circonstances où j'ai pu le faire, je me suis adressé à eux pour la défense de mes intérêts, je n'ai pu obtenir justice. Ainsi dans une affaire devant le Tribunal de Commerce, que j'avais intentée à M***, non-seulement on ne tint pas un compte sérieux de mes demandes, mais dans un des considérants du jugement rendu le 2 Décembre 1875, on fit insérer, dans le but évident de me brouiller avec M*** d'une façon définitive, une allégation calomnieuse portant atteinte à ma considération personnelle et professionnelle. Il y est dit que j'avais *copié* un de mes articles dans la *Revue des Deux-Mondes*, alors que le fait est matériellement faux. J'en puis fournir la preuve.

Dans une autre affaire devant la justice de paix du IVe arrondissement, bien qu'il fût évident qu'on ne refusait de me rendre ce qui m'appartenait qu'afin de me vexer et de me faire perdre du temps, je ne pus obtenir la moindre indemnité.

Enfin le 24 Octobre 1878, un mois jour par jour avant la mort de mon père, décédé le 24 Novembre de la même année, j'ai encore été l'objet d'une agression fort grave au restaurant*** de l'Exposition universelle. Deux employés, après m'avoir provoqué de la façon la plus insolente et obligé à les repousser parce qu'ils portaient la main sur moi, ont saisi ce prétexte pour m'assaillir tous les deux, me bousculer et me frapper. J'ai fait constater les faits, qui n'ont pas été niés du reste, par le commissaire de police de l'Exposition. Ces deux employés s'appellent : l'un Viscière, Pierre, l'autre Juénin, Francis, et demeuraient, le premier : 49, Rue de Rome ; le second, 312, Rue Marcadet. Ils m'ont assailli alors que, par suite de l'administration d'une substance toxique, je me trouvais dans un état d'agitation nerveuse, me mettant hors d'état de me défendre. En outre l'agression s'est produite à la veille de mon départ de Paris, alors que mes occupations m'appelaient impérieusement à Angers, et m'obligeant à y passer tout l'hiver, me mettaient dans l'impossibilité presque absolue de poursuivre mes agresseurs. Toutes ces circonstances étaient, cela va sans dire, parfaitement connues du gouvernement occulte, et c'est pour cela qu'il a choisi ce moment pour me faire attaquer. C'est toujours ainsi qu'il procède. Une lettre que j'écrivis le lendemain à M. le Préfet de Police pour lui signaler tant cet acte de violence que ceux relatés plus haut dans ma pétition, et pour lui demander l'autorisation de porter une arme sur moi, afin de me défendre, si j'étais attaqué de nouveau, est demeurée sans réponse.

Le 30 Novembre 1877, j'ai perdu ma mère ; un an plus tard (24 Novembre 1878) mon père l'a suivie. Je suis venu, dans l'intervalle, m'établir à Angers, où je prépare l'examen de la Licence-ès-Lettres afin de me créer des moyens d'existence qui remplaçent ceux dont on m'a dépouillé. Ma position, sous certains rapports, s'est améliorée depuis deux ans, grâce à plusieurs personnes qui ont bien voulu s'intéresser à moi et m'aider de leur influence. Mais sous d'autres, elle a empiré, car lorsqu'on a vu que j'allais pouvoir me procurer des ressources suffisantes pour demander compte des vexations et des mauvais traitements qu'on m'avait fait subir, et rendre ces faits publics, on a redoublé de violences secrètes. Depuis deux ans on me tient sous l'action continue des aphrodisiaques administrés à haute dose, et de façon quelquefois à produire de véritables crises nerveuses. Comme je suis sous une surveillance constante, et que l'on connaît mes occupations et mes habitudes, on me les administre toujours de façon à ce que les effets s'en fassent sentir au moment où je dois travailler, et depuis cette époque, je n'ai pas écrit, je puis le dire, une seule ligne sans être sous cette influence, ni sans avoir à lutter contre des symptômes souvent très-douloureux, que la volonté la plus énergique est parfois impuissante à dominer.

Vainement essaierait-on de prétendre que ces effets nerveux sont le résultat de la tension cérébrale occasionnée par le travail. Alors même que je ne travaille pas, ils se produisent, si je suis sous l'action de ces substances toxiques ; et si par hasard, empêché de sortir ou de vaquer à d'autres occupations, j'écris à des heures où l'on croyait que je ne le ferais pas, ils ne se font nullement sentir.

J'ai pu constater aussi que les doses étaient exagérées jusqu'à la brutalité toutes les fois que je faisais une démarche ou un travail de nature à déplaire à ce gouvernement occulte, ou bien encore à diverses époques du mois correspondant d'une façon très-régulière à certaines dates dont le souvenir lui doit être désagréable.

Bien que mes parents n'existent plus, il semble qu'on n'ait point encore abandonné l'espoir de me faire contracter le mariage auquel on a voulu me contraindre. Rien n'est épargné du moins pour me faire commettre des violences ou d'autres actes donnant prise sur moi. On ne recule devant aucun moyen non plus pour me dissuader de porter à la connaissance des Chambres et de publier les faits que je vous dénonce aujourd'hui. Pour me dégoûter et me lasser, on m'abreuve d'avanies de toutes sortes, on cherche de toutes manières à m'intimider. On est allé jusqu'à me menacer d'une séquestration nouvelle. Mes ennemis, en un mot, ne me pardonnent pas le mal qu'ils m'ont fait. Je suis pour eux une menace gênante, un danger constant, et mon plus grand crime à leurs yeux, sinon le seul, est de n'avoir commis aucun acte qui me placent sous leur dépendance.

Je puis donner, du reste, un exemple de l'insistance avec laquelle, lorsqu'on en a l'occasion, on cherche à me détourner de cette revendication.

M. Faustin-Adolphe Hélie, dont je connais les trahisons depuis seulement trois semaines, et que j'avais revu parce qu'on m'avait affirmé qu'il n'avait jamais été mal disposé pour moi (j'avais cru remarquer, en effet, en plus d'une circonstance, qu'il agissait comme une personne contrainte et forcée), M. Faustin-Adolphe Hélie m'écrivait dernièrement :

N° 4
Tribunal de
Première Instance
du Département
de la Seine.

Mercredi, 23 Juillet 1879.

Cher Monsieur Faligan,

... J'ai reçu votre pétition imprimée ; je crois qu'il est de votre intérêt de laisser cette affaire de côté. *Vous savez que je suis votre ami et que je prends le plus grand intérêt à tout ce qui vous touche.* Eh bien ! croyez-moi, laissez tout cela de côté, n'envoyez plus de pétition sur ce sujet, cela vous fera tort auprès de .... et il vous importe de devenir promptement professeur. Laissez donc de côté ces affaires de pétition pour vous occuper exclusivement de la Licence, car il faut absolument réussir en Novembre, et pour cela il ne faut pas perdre de temps et travailler exclusivement jusqu'en Novembre à la Licence. Vous n'avez que trois mois devant vous ; mais ces trois mois bien employés vous conduiront enfin au succès bien mérité par votre constance, et ensuite à une chaire...

F.-A. HÉLIE.

Ce cher ami, quelle sollicitude !

Quelle crainte surtout que je ne trouve le temps d'examiner les papiers de mon père !

J'ai écrit le 15 Janvier 1879 à M. le Procureur-Général près la Cour d'appel de Paris pour le prier de poursuivre les auteurs de la séquestration arbitraire qu'on m'a fait subir, et lorsqu'un mois plus tard, le titulaire a été changé, j'ai renouvelé ma demande. Ces deux lettres sont demeurées sans réponse.

J'ai écrit le 17 Février à M. le Ministre de l'Intérieur pour lui demander d'être entendu devant la commission d'enquête sur la Préfecture de Police ; mais la dissolution, le même jour, de cette commission, a rendu ma demande vaine.

Le 11 Mars dernier, j'ai écrit à M. Andrieux, Préfet de Police, pour lui signaler les faits dont j'avais à me plaindre, et lui proposer de lui communiquer ma pétition. Ma lettre est demeurée sans réponse. Il en est de même d'une lettre semblable adressée le 20 Mai dernier à M. le Ministre de la Justice.

Enfin le 6 Octobre 1878, j'ai adressé à la Chambre des Députés une pétition renouvelée le 15 Mars 1879, parce que la première n'était pas légalisée. Moins complète que celle-ci, car elle ne renfermait pas les pièces à l'appui que j'y produis, ni les déductions que j'en tire, elle fût écartée sans examen, sous un prétexte futile, et le rapport de la XIIe Commission la défigure tellement que j'ai dû faire à ce rapport une réponse que je vous ferai adresser, dès qu'elle sera imprimée, et au ton modéré, à la vérité de laquelle, je n'en doute pas, Messieurs, vous rendrez justice.

Ecarté de la Chambre des Députés par une fin de non-recevoir qui n'était pas motivée, et laissait la question entière, ayant de plus à produire, à l'appui de mes accusations, des pièces décisives, j'ai cru pouvoir, Messieurs les Sénateurs, m'adresser à vous.

J'aurais pu donner beaucoup d'autres détails. Mais je n'ai pas voulu étendre outre mesure les proportions de cette pétition, déjà longue. Je crois être entré dans des explications assez précises pour appeler votre attention sur les faits que je vous signale, et vous convaincre de leur importance. Je suis prêt, du reste, à vous fournir tous les renseignements que vous pourrez désirer.

Cette pétition, tout me sollicitait d'ailleurs à vous l'adresser, ma conscience aussi bien que le soin de ma sécurité personnelle, car je ne veux accepter aucune complicité avec ce gouvernement occulte, pas même celle du silence, et ce serait s'en rendre complice que de ne pas dévoiler ses actes, quand on les connaît, et de ne pas appeler sur ses odieuses pratiques et sur ses crimes la répression que vous avez le pouvoir d'exercer.

ERNEST FALIGAN.

Angers, le 3 Septembre 1879.

www.ingramcontent.com/pod-product-compliance
Ingram Content Group UK Ltd.
Pitfield, Milton Keynes, MK11 3LW, UK
UKHW020930180726
13838UKWH00002B/867

9 782329 38570